Anreizprobleme und Finanzintermediation
Traditional Versus Nontraditional Banking

Europäische Hochschulschriften

Publications Universitaires Européennes
European University Studies

Reihe V

Volks- und Betriebswirtschaft

Série V Series V

Sciences économiques, gestion d'entreprise
Economics and Management

Bd./Vol. 1726

PETER LANG
Frankfurt am Main · Berlin · Bern · New York · Paris · Wien

Markus Warg

Anreizprobleme und Finanzintermediation

Traditional Versus Nontraditional Banking

PETER LANG
Europäischer Verlag der Wissenschaften

Die Deutsche Bibliothek - CIP-Einheitsaufnahme

Warg, Markus:

Anreizprobleme und Finanzintermediation : traditional versus nontraditional banking / Markus Warg. - Frankfurt am Main ; Berlin ; Bern ; New York ; Paris ; Wien : Lang, 1995
(Europäische Hochschulschriften : Reihe 5, Volks- und Betriebswirtschaft ; Bd. 1726)
Zugl.: Trier, Univ., Diss., 1994
ISBN 3-631-48726-6

NE: Europäische Hochschulschriften / 05

D 385
ISSN 0531-7339
ISBN 3-631-48726-6

Printed in Germany 1 2 3 5 6 7

Inhaltsverzeichnis

Einleitung

Versetzen Sie sich bitte in die Situation eines Gebrauchtwagenhändlers. Sie setzen Ihr Eigenkapital, Ihre Werkstatt und Ihr Mitarbeiter-Team dafür ein, gebrauchte Fahrzeuge anzukaufen und zu einem späteren Zeitpunkt zu einem höheren Preis zu verkaufen. Die hierfür erforderlichen Tätigkeitsbereiche lassen sich unterteilen in den Ankauf, in Reparatur- und Servicearbeiten und in den Verkauf.

Als Gebrauchtwagenhändler wissen Sie, dass die Verteilung von Informationen bezüglich der Qualität des Fahrzeugs zwischen Anbieter und Nachfrager ein zentraler Aspekt Ihres Geschäftes ist: Ihr Team und Ihre Werkstatt sind darauf spezialisiert, die Qualität des Ihnen angebotenen Fahrzeuges transparent zu machen. D.h., Sie sind darauf eingerichtet, den Informationsvorsprung Ihres Anbieters bezüglich der Qualität seines Fahrzeuges auszugleichen. Erst wenn die Qualität des Wagens auch Ihnen bekannt ist, kommt es zur Preisbildung; die Qualität bestimmt den Preis.

Diese Form der Preisbildung ist auf dem Gebrauchtwagenmarkt keinesfalls üblich, da die privaten Nachfrager nicht Ihre Möglichkeiten für eine Qualitätsidentifikation besitzen. Der private Nachfrager bewertet daher alle Gebrauchtwagen einer bestimmten Klasse mit einem Durchschnittspreis. Dieser Durchschnittspreis, den der Nachfrager zu zahlen bereit ist, bestimmt dann die Qualität der angebotenen Fahrzeuge und nicht umgekehrt.

Die Durchschnittspreisbildung hat zur Folge, dass die Anbieter von Gebrauchtwagen mit überdurchschnittlicher Qualität ihre Wagen zu diesem Preis nicht veräussern und den Markt verlassen werden. Diese Gefahr des Marktversagens kennen sowohl die privaten Nachfrager als auch die privaten Anbieter guter Wagen. Der daraus resultierende Bedarf nach Markttransparenz stellt für Sie als Zwischenhändler die Geschäftsgrundlage dar.

Als Gebrauchtwagenhändler besitzen Sie nicht nur Vorteile bei der Produktion von Informationen, sondern auch die Möglichkeit, den Gebrauchtwagen in Ihrer Werkstatt aufzuwerten, zum Beispiel durch die Vorbereitung und die Abnahme der TÜV-Prüfung. Derartige Bescheinigungen, wie das TÜV-Gutachten, führen zur "Marktfähigkeit" des Gebrauchtwagens. Die Gütebescheinigung signallisiert potentiellen Käufern die Qualität des Fahrzeuges, aus der sich dann der Preis ableitet. Dies verdeutlicht die Vorteile eines Händlerfahrzeuges gegenüber dem Direkterwerb vom ursprünglichen Verkäufer. Der Anbieter eines überdurchschnittlichen Fahrzeuges muss keine Ressourcen investieren, um seine Qualität zu signallisieren. Der Endabnehmer muss keine Ressourcen in die Qualitätskontrolle investieren, denn er erhält Händlergarantien und Serviceleistungen. Sie als Händler sind bestrebt, unter Berücksichtigung Ihrer Investitionen, eine positive Marge zwischen An- und Verkaufspreis zu erzielen. Steigen Ihre Kosten, zum Beispiel für die Werkstatt oder die Ausbildung Ihrer Mitarbeiter, kann sich Ihr traditioneller Gebrauchtwagenhandel zum Minusgeschäft entwickeln. Je stärker die Kostenseite steigt, umso risikoreicher ist der Ankauf von zusätzlichen Gebrauchtwagen. Die Existenz von derartigen Risiken einerseits und die komparativen Vorteile bei der Informationsproduktion und -verarbeitung andererseits erklären die neueren Entwicklungen im Gebrauchtwagenhandel. Immer mehr Gebrauchtwagenhändler bieten hauseigene Garantien, Wertgutachten, Serviceleistungen und Gebrauchtwagenversicherungen an, ohne den Gebrauchtwagen anzukaufen.

Diese Entwicklung kann für alle Marktparteien vorteilhaft sein. Die privaten Verkäufer guter Wagen sind bereit, für die Markttransparenz eine Prämie zu zahlen. Aufgrund der Qualitätsidentifikation entgehen die Wagen guter Qualität der Durchschnittspreisbildung. Sie als Händler spezialisieren sich auf Ihre komparativen Kostenvorteile bei der Informationsproduktion, ohne die mit dem Ankauf der Wagen verbundenen Risiken zu übernehmen. Und der Käufer erhält Gütebescheinigungen und Garantien, ohne selbst Ressourcen in die Qualitätskontrolle investieren zu müssen.

Nun werden Sie sich fragen, in welcher Beziehung die Entwicklungen auf Gebrauchtwagenmärkten und die Zukunft des Bankwesens in Europa stehen.

Der Ursprung der Gemeinsamkeiten liegt in den Informationsproblemen, die sowohl auf Gebrauchtwagen- als auch auf Finanzmärkten existieren. Die ungleiche Verteilung von Informationen zwischen Anbietern und Nachfragern führt auch auf Finanzmärkten zu Anreizproblemen.

Die Informationsasymmetrie auf Finanzmärkten bildet den Ausgangspunkt dieser Arbeit. Ziel ist es zunächst die bestehenden Typen von Informationsproblemen, die daraus resultierenden Finanzierungsprobleme und die Lösungsansätze auf Finanzmärkten zu beschreiben.

Darauf aufbauend soll die Rolle der Banken bei der Lösung dieser Problemtypen analysiert werden. Hierbei kommt es auch zu der Frage nach der Existenzberechtigung von Banken. Werden Banken im Zuge immer leistungsfähigerer Finanzmärkte als Intermediär überflüssig oder besitzen sie

tatsächlich einen komparativen Vorteil? Unter dieser Fragestellung sind auch die neueren Entwicklungen des Bankings, die sich vor allem in den U.S.A., aber abgeschwächt auch in Europa wiederfinden, zu integrieren.
Die Ausgestaltung des Bankings wird neben den zu untersuchenden Bankenspezialitäten auch durch das regulatorische Rahmenwerk beeinflusst. Insbesondere der Einfluss von Regulierungen auf die Tätigkeitsbereiche, die im Zusammenhang mit der Lösung von Informationsproblemen stehen, ist hierbei zu berücksichtigen.
Auf der Grundlage dieser Zusammenhänge wird die Entwicklung des Bankings im angelsächsischen Bereich beschrieben. Schliesslich sollen anhand der Gemeinsamkeiten und der Unterschiede, bezüglich der Zusammenhänge und der Einflüsse auf das Banking im angelsächsischen und im europäischen Bereich, die Entwicklungstendenzen des europäischen Bankensystemes skizziert werden. Dieser Zielvorgabe entsprechend ist die Arbeit aufgebaut.
In Kapitel A werden die verschiedenen Typen von Informationsproblemen charakterisiert. Wie auf dem Gebrauchtwagenmarkt besteht beispielsweise auch auf Finanzmärkten die Gefahr, dass bei fehlender Markttransparenz die Anbieter guter Finanztitel systematisch den Markt verlassen. Eine derartige Negativauslese führt zu Finanzierungsproblemen und anderen Formen des Marktversagens auf Finanzmärkten.
Kapitel B schildert die Rolle der Banken bei der Lösung von Informationsproblemen. Wie die Händler von Gebrauchtwagen besitzen die Banken Vorteile bei der Produktion und Verarbeitung von Informationen. Auch Banken investieren Ressourcen, um die Qualität der Kapitalnachfrager, in diesem Fall sind es die Anbieter von Finanztiteln, transparent zu machen. Das traditionelle Bankgeschäft ist durch die Transformation von illiquiden Krediten in liquide Einlagen charakterisiert. Der Gewinn für die Banken resultiert aus der Marge zwischen Einlagen- und Kreditzins, unter Berücksichtigung der eingesetzten Ressourcen. Wie für den Gebrauchtwagenhändler bestehen bei der Bankintermediation auch für die Banken Risiken. Dabei kann zwischen den Risiken, die mit der Einlagenaufnahme verbunden sind und den Risiken die an die Kreditvergabe geknüpft sind unterschieden werden. Bestehende Risiken und steigende Kosten, auch durch Regulierungen, bei andererseits komparativen Kostenvorteilen bei der Informationsproduktion, erklären auch die neueren Entwicklungen vom traditionellen zum "nontraditional" Banking.

Graphik 1: Traditional und Nontraditional Banking

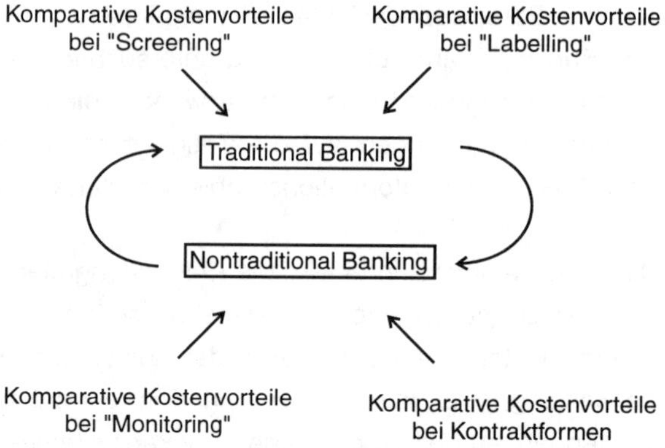

Wie die Händler von Gebrauchtwagen spezialisieren sich immer mehr Banken, insbesondere im angelsächsischen Bereich, auf ihre komparativen Vorteile. An die Stelle des traditionellen Bankgeschäftes treten Aktivitäten, die sich auf die Spezialität der Banken, auf die Qualitätsidentifikation und die Weiterverarbeitung illiquider Kredite konzentrieren. Begriffe wie "Screening", "Labelling", "Securitization", Traditional Banking und Nontraditional Banking sind für die Erklärung der Spezialität der Banken von zentraler Bedeutung und werden in der Arbeit unter Berücksichtigung ihrer Wechselbeziehungen erläutert. Ziel dieser Aktivitäten ist die Marktfähigkeit von bislang nicht handelbaren Finanztiteln. Dabei ermöglichen Bankgarantien den ursprünglich illiquiden Krediten Ratings, die mit dem TÜV-Gutachten für Gebrauchtwagen vergleichbar sind. Der Ertrag für die Banken resultiert nun aus Prämien für die Qualitätsidentifikation und die Weiterverarbeitung der Kredite und nicht, wie beim traditionellen Bankgeschäft, aus der Spanne zwischen Einlagen- und Kreditzins.
Trotz der Gemeinsamkeiten zwischen dem Gebrauchtwagenhandel und dem Bankgeschäft gibt es doch einen existentiellen Unterschied: Die Insolvenz eines Gebrauchtwagenhändlers ruft bei den Kollegen bestenfalls Mitleid hervor; aus der Insolvenz einer Bank entstehen hingegen Risiken für das Finanzsystem als Ganzes infolge der für das Bankensystem charakteristischen Ansteckungsgefahr. Ein derartiges Marktversagen stellt eine Bedrohung des Bankensystemes dar, die mit hohen gesellschaftlichen Kosten verbunden ist. Die gesellschaftlichen Kosten rechtfertigen die Existenz von Bankenregulierungen und -kontrollen. Kapitel C stellt die Regulierungsformen vor, die zur

Stabilität des Bankensystemes beitragen sollen. Dabei werden die Auswirkungen der Regulierungen auf die Entwicklung des Bankings, d.h. auf die traditionellen Bankgeschäfte und auf die neueren Tätigkeitsbereiche aufgezeigt.
Ob auch die europäischen Banken diese Entwicklungen durchmachen werden oder die Entwicklung des europäischen Bankensystemes durch andere Anreize geprägt ist, wird in Kapitel D untersucht. Hierfür werden zunächst die in den ersten Kapiteln dargestellten Zusammenhänge auf die Entwicklungen im angelsächsischen Bereich übertragen. Anschliessend werden die Gemeinsamkeiten und die Unterschiede bei den Anreizen auf die Entwicklungen des angelsächsischen und des europäischen Bankenwesens aufgezeigt, um schliesslich die Zukunft des europäischen Bankenwesens zu skizzieren.[1]

1 vgl. Akerlof 1970
vgl. Leland; Pyle 1977
vgl. Campbell; Kracaw 1980
vgl. Diamond 1984
vgl. Williamson 1986
vgl. Baltensperger; Milde 1987
vgl. Calomiris; Hubbard 1990
vgl. Mester 1992
vgl. Krahnen 1993

A Informationsprobleme auf Finanzmärkten

Gegenstand dieses Kapitels ist der Zusammenhang zwischen der Funktionsweise von Märkten und der Verteilung von Informationen bezüglich der Qualität der gehandelten Güter auf Anbieter und Nachfrager.
Bei der Informationsverteilung lassen sich zwei Konstellationen unterscheiden. Zunächst die Marktkonstellation, bei der beide Marktseiten über den gleichen Informationsstand verfügen, d.h. die Qualitätsinformationen symmetrisch verteilt sind. Diese Situation wird als Informationssymmetrie bezeichnet.
Bei Informationsasymmetrie besitzen entweder die Anbieter oder die Nachfrager der Güter Informationsvorsprünge, d.h. die Informationen sind aufgrund von Detailkenntnissen asymmetrisch verteilt. Die Funktionsweise eines Marktes mit Informationssymmetrie unterscheidet sich wesentlich von der eines Marktes mit Informationsasymmetrie.[2] Ein Beispiel für einen Markt mit symmetrisch verteilten Qualitätsinformationen ist der Neuwagenmarkt. Auch wenn es unter den Neuwagen gute und schlechte Qualitäten gibt, ist entscheidend, dass Anbieter und Nachfrager über annähernd den gleichen Informationsstand verfügen. Es gibt keine Informationsvorteile für irgendeine Seite. Die erwartete Qualität aller Neuwagen ist für Anbieter und Nachfrager homogen. Aus dem Zusammenspiel der Angebots- und Nachfragefunktionen leitet sich auf diesem Markt ein Gleichgewichtspreis ab, der zur Markträumung führt.
Ein Spezialfall der Informationssymmetrie ist der Fall sicherer Erwartungen. Hierbei ist nur der Eintritt einer Qualität denkbar. Die Preistheorie umschreibt diese Situation mit "vollständiger Markttransparenz". Die Annahme der "vollständigen Markttransparenz" auf Märkten wie Arbeits- oder Kreditmärkten, wie sie in der traditionellen Mikrotheorie gemacht wird, kann schon nach oberflächlicher Betrachtung als irreführend charakterisiert werden, da eben keine sicheren Erwartungen bezüglich der Qualitäten existieren. Ausschlaggebend für die Funktionsfähigkeit des Neuwagenmarktes, um auf das obige Beispiel zurückzukommen, ist, dass es keine Informationsvorteile für irgendeine Seite gibt, jedoch nicht die "vollständige Markttransparenz".

2 vgl. Akerlof 1970
vgl. Wenger; Terberger 1988

Die aus der Informationsasymmetrie resultierenden Probleme für die Funktionsfähigkeit von Märkten werden an den Beispielen des bereits angesprochenen Gebrauchtwagen- und des Mietwagenmarktes verdeutlicht.
Im Gegensatz zum Neuwagenmarkt verfügen die Anbieter von Gebrauchtwagen über Informationen, die dem Käufer nicht -oder nicht kostenlos- zugänglich sind. Dieser Sachverhalt wird als "hidden information" bezeichnet. Aufgrund der Heterogenität bei den Qualitäten der Gebrauchtwagen werden entweder gute oder schlechte Autos weiterverkauft. Da die Nachfrager die guten Autos nicht von den "lemons" unterscheiden können, werden sie versuchen, durch Befragung der Anbieter Informationen über die Qualität der Wagen zu erhalten. Die Autoanbieter sind sich der Informationsasymmetrie bewusst und werden ihren Gebrauchtwagen durchweg gute Qualitäten bescheinigen. Einem konkreten Anbieter gegenüber kann der Nachfrager die Fehlinformation nicht nachweisen, er hat eine Vorstellung über die durchschnittliche Qualität, kann aber die individuellen Qualitäten nicht identifizieren. Für die Identifizierung sind alle Informationen der Befragung wertlos, alle Wagen unterschiedslos und gleichwertig. Folglich werden alle Wagen einer bestimmten Klasse mit einem Durchschnittspreis bewertet.
Bei diesem Preis sind die schlechten Wagen oder "lemons" überbewertet, d.h. der Durchschnittspreis ist höher als ihr tatsächlicher Wert und die guten Autos unterbewertet. Die Anbieter schlechter Qualitäten werden ihre Wagen anbieten und die Wagen guter Qualität werden systematisch aus dem Markt genommen, weil der Durchschnittspreis zu niedrig ist. Der Preis beeinflusst wegen der Informationsasymmetrie die durchschnittliche Qualität und nicht umgekehrt.[3] Es kommt zu einer systematischen Negativauslese. Die guten Anbieter verlassen den Markt, die schlechten bleiben übrig. Die Durchschnittsqualität der Wagen bestimmt sich infolge der Informationsasymmetrie endogen und ist nicht, wie beim Neuwagenmarkt, exogen gegeben. Die Negativauslese oder Adverse Selektion kann die Qualität der angebotenen Gebrauchtwagen im Extremfall so beeinträchtigen, dass es zum Zusammenbruch des Marktes kommt.
Der zweite aus der Informationsasymmetrie resultierende Problemtyp wird am Beispiel des Mietwagenmarktes verdeutlicht. Nach dem Geschäftsabschluss kann der Anbieter des Mietwagens das Verhalten des Nachfragers nicht oder nicht kostenlos beobachten; es besteht Informationsasymmetrie. Der Anbieter kann sich zwar gegen Unfälle und übermässige Kilometerleistungen absichern,

3 vgl. Milde 1988, S.3

sein Ertrag ist aber auch von der Abnutzung der Mietwagen, d.h. dem Ausmass des Wertverlustes und damit vom Fahrverhalten des Mieters abhängig. Probleme entstehen daraus, dass Nachfrager Anreize besitzen, wie den Spass am schnellen Fahren, die nicht konform mit dem Interesse des Mietwagenanbieters sind und dass die Nachfrager ihre Anreize dem Mietwagenanbieter nicht offenbaren. Der Nachfrager des Wagens hat aufgrund der asymmetrischen Informationsverteilung die Möglichkeit der "hidden action"; er kann unter mehreren Handlungsmöglichkeiten eine Auswahl treffen, die für den Anbieter des Mietwagens nicht beobachtbar ist.[4]

Dieser Problemtyp, der daraus resultiert, dass die Nachfrager/Anbieter Anreize besitzen, sich nicht anbieter-/ nachfragerkonform zu verhalten und infolge der Informationsasymmetrie zugleich ihr Verhalten nicht offenbaren, wird als Moral Hazard bezeichnet.

Im folgenden wird die Wirkung der sich aus der asymmetrischen Informationsverteilung ergebenden Informationsprobleme auf die Funktionsfähigkeit von Finanzmärkten untersucht.

1 Asymmetrische Informationsverteilung

1.1 Grundmodell

1.1.1 Vorbemerkung

In der Realität existiert eine Vielzahl von Finanzmärkten mit symmetrischer und asymmetrischer Informationsverteilung nebeneinander. Aufgrund der Heterogenität der Kapitalnehmer sortieren die Märkte die Transaktionspartner nach Risiko und "information intensity", d.h. der Intensität einer für Informationssymmetrie erforderlichen Informationsbeschaffung oder zur VerfügungStellung. Die Informationssymmetrie ermöglicht die Existenz von Finanzmärkten, auf denen die Qualität der Kapitalnehmer deren Finanzierungskosten bestimmt. Ein Beispiel für einen Finanzmarkt mit symmetrischer Informationsverteilung ist der "commercial paper" Markt, dessen Kapitalnehmer einheitlich hervorragende

4 vgl. Akerlof 1970, S.488
vgl. Hubbard 1991

Reputationen und hohe Sicherheiten besitzen. Die Informationssymmetrie bezüglich der Qualität der Finanztitel ist ursächlich für das Funktionieren des Marktes, wie am Beispiel des Neuwagenmarktes dargestellt.[5] Probleme bei der externen Finanzierung entstehen auf Finanzmärkten, deren Kapitalnachfrager private Informationen über die Qualitäten ihrer Investitionsprojekte besitzen.[6]

In Anlehnung an die Modelle von Hubbard/Calomiris[7] und Stiglitz/Weiss[8] wird die Kapitalallokation auf "information intensive" Märkten anhand eines einperiodigen Gleichgewichtsmodelles mit zwei Zeitpunkten dargestellt. In Zeitpunkt eins besitzen die Marktteilnehmer die Möglichkeit ihr Eigenkapital in ein Investitionsprojekt in Sachaktiva oder in eine Investmentgesellschaft zu investieren. Die externe Finanzierung der Investitionsprojekte in Sachaktiva erfolgt ausschliesslich durch die Investmentgesellschaft. Der Konsum erfolgt in Zeitpunkt zwei.

Im Zentrum des Modells steht die Untersuchung der externen Finanzierung bei nebeneinander bestehenden Investitionsprojekten mit symmetrischer und asymmetrischer Informationsverteilung.

1.1.2 Modelldarstellung

Die in der Realität existierende Vielzahl der Finanzmärkte wird im Modell durch eine Investmentgesellschaft verkörpert. Die Marktteilnehmer können ihr Eigen-

---

5 vgl. Hubbard; Calomiris 1990, S.93

6 Auf die Probleme, welche aus privaten Informationen der Kapitalanbieter resultieren, wird in Kapitel C eingegangen.

7 vgl. Hubbard; Calomiris 1990

8 Stiglitz; Weiss haben ein Rationierungsmodell entwickelt, welches sowohl Moral Hazard als auch Probleme der Adversen Selektion berücksichtigt. Bei steigenden Kapitalzinsen kommt es zur Adversen Selektion, da die relativ sicheren Investitionsmöglichkeiten unprofitabel werden; das Problem des Moral Hazard entsteht daraus, daß bei steigenden Kapitalzinsen die Kapitalnehmer zunehmend rikoreichere Investitionsmöglichkeiten wählen. Stiglitz und Weiss zeigen, daß in Märkten, in denen der Kapitalzins auch Instrument zur Identifizierung von Kapitalnehmern ist, der Kapitalzins die Markträumung beeinträchtigen und es zur Kapitalrationierung kommen kann.
vgl. Stiglitz; Weiss 1981

kapital C entweder in eines der Investitionsprojekte I1,I2,W oder zum Erwerb eines Anteiles an der Investmentgesellschaft verwenden.

Die Investmentgesellschaft ist gleichzeitig die einzige Möglichkeit für Kapitalnehmer mit I1, I2 und W Investitionsprojekten, sich extern zu finanzieren. Die Kapitalnehmer unterscheiden sich bezüglich der Höhe ihres beobachtbaren Eigenkapitales, der Höhe des Ertrages und der Beobachtbarkeit ihrer Investitionsprojekte.

I1 und I2 sind durch asymmetrisch verteilte Informationen zwischen Kapitalnachfragern und -anbietern charakterisiert. Wie später anhand der Ertragsstrukturen gezeigt wird handelt es sich bei I1 um ein gutes Investitionsprojekt mit sicherer Erfolgswahrscheinlichkeit und bei I2 um ein schlechtes Investitionsprojekt mit geringer Erfolgswahrscheinlichkeit. Unabhängig von der Qualität der möglichen Investition ist das beobachtbare Eigenkapital Ck der Kapitalnehmer hoch oder gering; k = H,G.

Das Investitionsprojekt W ist für die Kapitalgeber beobachtbar, es besteht eine symmetrische Informationsverteilung. Alle Kapitalnehmer, die Investitionen des Typs W realisieren, besitzen eine ebenfalls beobachtbare, identische Eigenkapitalausstattung CW.

Somit gibt es fünf Typen von Kapitalnehmern:

Graphik 2: Kapitalnehmer

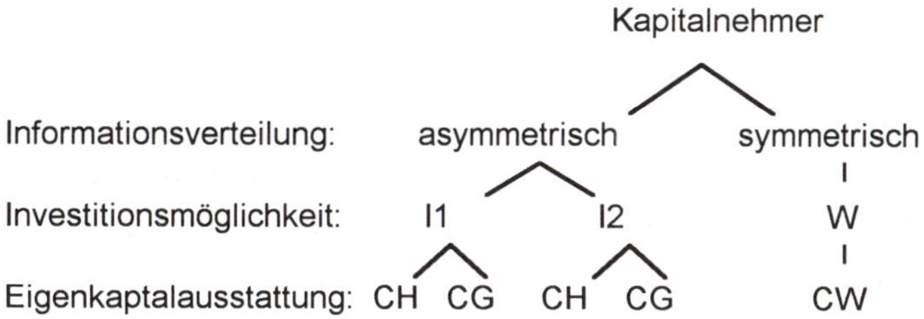

K(I1CH)= Kapitalnehmer mit guten Investitionsprojekten I1, die nicht beobachtbar sind und bekanntem, hohen Eigenkapital H.

K(I1CG)= Kapitalnehmer mit guten Investitionsprojekten I1, welche nicht beobachtbar sind und bekanntem, geringen Eigenkapital G.

K(I2CH)= Kapitalnehmer mit schlechten Investitionsprojekten I2, die nicht beobachtbar sind und bekanntem, hohen Eigenkapital H.

K(I2CG)= Kapitalnehmer mit schlechten Investitionsprojekten I2, die nicht beobachtbar sind und bekanntem, geringen Eigenkapital G.

K(WCW)= Kapitalnehmer mit Investitionsprojekten, die beobachtbar sind und bekanntem, identischen Eigenkapital.

Aufgrund der asymmetrischen Informationsverteilung, bezüglich der Investitionsprojekte I1 und I2, können die Kapitalgeber nur zwischen drei Klassen unterscheiden:

K(WCW)= Kapitalnehmer mit beobachtbaren Investitions projekten und bekannter, identischer Eigenkapitalhöhe CW.

K(CH)= Kapitalnehmer, deren Investitionsprojekte nicht beobachtbar sind mit bekanntem, hohen Eigenkapital CH.

K(CG)= Kapitalnehmer, deren Investitionsprojekte nicht beobachtbar sind mit bekanntem, geringen Eigenkapital CG.

Die Bruttoinvestitionserträge der Investitionen I1, I2 und W sind durch folgendes Verhältnis charakterisiert: Die beobachtbare Investition W erzielt den sicheren Bruttoinvestitionsertrag EW. I1 realisiert einen ebenfalls sicheren Ertrag E1. I2 erzielt bei Erfolg des Investitionsprojektes den Ertrag ES und bei Misserfolg den Ertrag EF. Die Wahrscheinlichkeit für den Erfolg von I2 ist p, für Misserfolg (1-p). Dabei wird folgendes Verhältnis der Erträge angenommen.

$$ES > E1 > EW > EF > 0 \quad (A)$$
$$E1 > EW > [pES + (1-p)EF] > 0 \quad (B)$$

Der höchstmögliche Bruttoinvestitionsertrag (A) wird bei Erfolg von I2 realisiert. Der höchste Erwartungsertrag (B) von I1, der niedrigste von I2 und der Erwartungsertrag von W liegt in der Mitte.

Als Finanzierungskontrakte werden festverzinsliche Fremdkapitalkontrakte[9] angenommen, die für "full information" und "information intensive" Kapitalnehmer variieren: Der Zins i des festverzinslichen Fremkapital-kontraktes hat entsprechend der drei beobachtbaren Klassen der Kapitalnehmer die Ausprägung iW, iH oder iG.

Ist der Bruttoinvestitionsertrag E geringer als das Volumen der externen Kapitalaufnahme S, einschliesslich der an die Kapitalvergabe gebundenen Zinszahlungen ((1+i)S), verliert der Kapitalnehmer sein Eigenkapital. Dabei wird angenommen, dass das Eigenkapital ausreichend klein ist, d.h. der Kapitalnehmer nur solange haftet, bis sein Eigenkapital den Wert Null annimmt. Diese Begrenzung der Haftung wird als "limited liability" bezeichnet. Der Kapitalnehmer ist insolvent, wenn:

$$E < (1+i)S \qquad \text{(C)}$$

Dabei erzielt der Kapitalnehmer den Bruttoinvestitionsertrag E, i ist der Zinssatz, den der Kapitalgeber fordert und S der Betrag des externen Kapitales. S entspricht (X-C), wobei X für das gesamte Investitionsvolumen und C für die Höhe des Eigenkapitales steht.

Die Kapitalnehmer mit den Investitionsprojekten W, I1 oder I2 werden ihre Investitionsprojekte nur durchführen, wenn der Nettoinvestitionsertrag *Y* grösser Null ist. Dies ist der Fall, wenn der Bruttoinvestitionsertrag abzüglich Kapital- und Opportunitätskosten grösser Null ist.

Dabei berechnen sich die Kapitalkosten als Produkt aus (1 + Kontraktzins i) und dem Volumen der externen Kapitalaufnahme S. Die Opportunitätskosten

---

9 Die Vorteile der festverzinslichen Fremdkapitalkontrakte gegenüber Eigenkapitalkontrakten, deren Zahlungsansprüche an den Erfolg des Investitionsprojektes geknüpft sind, basieren auf der Annahme, daß die aus den "incentive effects" einer Fremdkapitalfinanzierung resultierenden Kosten geringer als die "costs of verification" der Eigenkapitalfinanzierung sind; unter der Annahme, daß sowohl ex ante als auch ex post Informationsprobleme existieren. Auf die aus der Finanzierungsform resultierenden Informations- und Finanzierungsprobleme sowie deren Lösungsansätze wird im Verlauf der Arbeit detailliert eingegangen.
vgl. Campbell; Chan 1992
vgl. De Meza; Webb 1987
vgl. Gale; Hellwig 1985
vgl. Townsend 1979

Ck (1+i*) entsprechen dem Ertrag bei Investition des Eigenkapitales Ck in die Investmentgesellschaft. Der Ertrag der Kapitalgeber berechnet sich als arithmetisches Mittel der Erträge der drei beobachtbaren Klassen von Kapitalnehmern, worauf später eingegangen wird. Die Kapitalnehmer werden sich extern finanzieren, wenn die Nettoinvestitionserträge grösser Null sind:

$YW = EW-(1+iW)(X-CW)-CW(1+i^{*}) > 0$ (1)

$YI1k = E1-(1+ik)(X-Ck)-Ck(1+i^{*}) > 0$
k=H,G (2)

$YI2k = p\,[ES - (1+ik)\,(X-Ck)] - Ck\,(1+i^{*}) > 0$
k=H,G (3)

Die Bruttoinvestitionserträge EW, E1 werden annahmegemäss mit Sicherheit erzielt und der Bruttoinvestitionsertrag ES mit der Wahrscheinlichkeit p. Die Kapitalnehmer mit den Investitionsprojekten I2 werden ihr Projekt nur realisieren, wenn sie lediglich den höchstmöglichen Bruttoinvestitionsertrag ES (A) berücksichtigen. Andernfalls, unter Berücksichtigung des Erwartungsertrages (B), ist die Ertragsrate der Investmentgesellschaft, die sich als arithmetisches Mittel der drei beobachtbaren Kapitalnehmerklassen berechnet, höher als die des Investitionsprojektes I2.
Ist die Bedingung *Y*>0 (Participation Constraint) erfüllt, müssen die Kapitalnehmer entscheiden, ob sie die Investition teilweise durch ihr Eigenkapital oder vollständig durch Fremdkapital finanzieren.
I1 Kapitalnehmer werden ihr Eigenkapital vollständig investieren, da der Ertrag E1 grösser als der Ertrag der Alternativanlage, d.h. bei Erwerb eines Anteiles an der Investmentgesellschaft ist. Kapitalnehmer mit I2 Investitionsprojekten müssen das Verhalten der I1 Kapitalnehmer imitieren, d.h. ebenfalls ihr Eigenkapital vollständig in ihr Projekt investieren, da sie anderenfalls die geringe Erfolgswahrscheinlichkeit (schlechte Qualität) ihrer Investition offenbaren. Daher werden die Kapitalnehmer mit I1 und I2 Investitionsprojekten ihr Eigenkapital vollständig zur Finanzierung ihrer Investitionen verwenden.
Die Kapitalnehmer mit dem Investitionsprojekt IW werden sich solange selbstfinanzieren, wie der Ertrag des Anteiles an der Investmentgesellschaft geringer oder gleich dem Ertrag ihrer Investitionen ist.

Dadurch, dass infolge der asymmetrischen Informationsverteilung die Kapitalgeber die Projekte I1 und I2 nicht unterscheiden können, kommt es zur Mischung (Pooling) von Kapitalnehmern mit I1 und I2 Projekten. Der Ertrag der Kapitalgeber eMF berechnet sich als arithmetisches Mittel aus den Erträgen ek der drei unterscheidbaren Klassen mit k = W,H,G.

eW =(1+iW) (X-W) (4)
eH =*a* (1+iH) + (1-*a*) [p(1+iH)+(1-p)EF/(X-H)] (5)
eG =*a* (1+iG) + (1-*a*) [p(1+iG)+(1-p)EF/(X-G)] (6)

Dabei gibt *a* den Anteil der guten Kapitalnehmer I1 an und (1-*a*) den Anteil der Kapitalnehmer mit I2 Investitionsprojekten. Die Ertragsrate der Investmentgesellschaft berechnet sich aus dem Ertrag-Volumen Verhältnis. Die Erträge der Kapitalgeber auf "information intensive" Märkten lassen sich allgemein darstellen als:

ek = *a* (1+ik) + (1-*a*) [p(1+ik)+(1-p)EF/(X-k)]
k=H,G (7)

Die Kapitalgeber besitzen zwei Ansätze zur Maximierung ihrer Erträge (eHmax, eGmax) auf den "information intensive" Märkten. Zunächst die Wahl des maximalen Zinssatzes iCkmax. Die hierbei auftretenden Adverse Selektion und Moral Hazard Probleme sind Gegenstand der folgenden Punkte.
Des weiteren versuchen die Kapitalgeber -wie später unter dem Aspekt der Lösungsansätze dargestellt wird- durch Ressourceneinsatz und/oder Kontraktdesigns die Kapitalnehmer mit I1 und I2 Investitionsprojekten zu identifizieren und durch die Auslese der guten Investitionsprojekte ihre Erträge zu erhöhen.

1.2 Adverse Selektion

Aus Sicht der Kapitalnehmer beeinflusst eine Erhöhung der Finanzierungskosten, was im Modell durch eine Erhöhung der Zinsen i für die Kapitalaufnahme dargestellt wird, den Nettoinvestitionsertrag folgendermassen:

$d(YI1k) / d(ik) = -(X-Ck) - Ck\,(di^{*}/d(ik))$

$k=H,G$ (2)'

$d(YI2k) / d(ik) = -p\,(X-Ck) - Ck\,(di^{*}/d(ik))$

$k=H,G$ (3)'

Der Nettoinvestitionsertrag der guten Investition I1 ist also bei steigenden Zinsen des festverzinslichen Fremdkapitalkontraktes Null, bevor dies bei I2 der Fall ist. Bei einem Vergleich von (2)' und (3)' zeigt sich, dass die absolute Steigung von (2)' grösser ist als von (3)': für p gilt bekanntlich $0<p<1$. Mit anderen Worten heisst das: Bei Investitionsprojekten vom Typ I2 ist $p<1$; bei Investitionsprojekten vom Typ I1 ist $p=1$. Bei einer begrenzten Haftung der Kapitalnehmer, infolge des ausreichend geringen Eigenkapitales (C), trifft dies auch auf die Rückzahlungswahrscheinlichkeit zu. Unter der Annahme, dass die Kapitalgeber nur die Möglichkeit der Variation des Zinssatzes besitzen, maximieren sie ihre Ertragsraten bei dem Zinssatz ik*, bei dem die Kapitalnehmer mit I1 Investitionsprojekten einer externen Finanzierung indifferent gegenüberstehen; d.h der Nettoinvestitionsertrag von I1 den Wert Null annimmt. Erhöhen die Kapitalgeber den Zins über den Wert ik*, so sind nur noch die Kapitalnehmer mit schlechten Investitionsprojekten I2 bereit, sich extern zu finanzieren.
Dieser Problemtyp der Adversen Selektion wird nachfolgend auf Aktien- und Obligationsmärkte übertragen.

1.2.1 Aktienmärkte

Es wird angenommen, dass zwei Unternehmen mit unterschiedlichen Erfolgsaussichten Aktien emittieren wollen, um ihre Investitionen zu finanzieren. Die Erfolgsaussichten der Investitionsprojekte des Unternehmens I1 seien denen des Unternehmens I2 überlegen. Aufgrund der asymmetrischen Informationsverteilung können die Kapitalgeber, d.h. die Käufer der Aktien, die Qualitäten der Unternehmen nicht unterscheiden. Wenn der uninformierte Aktienkäufer die Unternehmen nach der Qualität ihrer Aktien befragt, wird er immer die gleiche Antwort erhalten: "Die Aktien unseres Unternehmens sind von bester Qualität." Alle Informationen sind für Aktienkäufer, wie für Gebrauchtwagenkäufer wertlos, die Aktien unterschiedslos und gleichwertig. Es kommt zum Pooling

und damit zur Bildung eines Durchschnittspreises für die Aktien beider Unternehmen. Bei diesem Durchschnittspreis der Finanztitel, in diesem Beispiel ist es der Aktienkurs, sind die Investitionserträge für das Unternehmen I1 unterbewertet und für das Unternehmen I2 überbewertet.
Aktien mit überdurchschnittlich guter Qualität werden unter dieser Bedingung auf dem Aktienmarkt nur dann angeboten, wenn trotz des geringen Aktienkurses die Bruttoinvestitionserträge E1 abzüglich Kapital- und Opportunitätskosten grösser/gleich Null sind. Der Durchschnittspreis der Aktien aufgrund des durch die Informationsasymmetrie bedingten Pooling bedeutet für die guten Unternehmen eine Erhöhung der Kosten der externen Finanzierung die im Modell durch steigende Kontraktzinsen dargestellt wird-, da für das Volumen der externen Finanzierung S mehr Unternehmensanteile emittiert werden müssen, als dies bei einem unter Informationssymmetrie gebildeten Aktienkurs der Fall wäre. Gleichzeitig sinken die Kosten der externen Finanzierung für die Unternehmen, deren Investitionsprojekte I2 schlechtere Ertragsaussichten haben. Die Durchschnittspreisbildung infolge der Informationsasymmetrie führt zu einer Subventionierung der schlechten Investitionsprojekte und zum Prozess der Adversen Selektion auf dem Aktienmarkt. Je stärker das Pooling, d.h. je geringer die Identifizierung der Qualitäten, desto mehr schlechte Unternehmen werden sich durch Aktien finanzieren und gute Unternehmen auf Aktienemissionen verzichten.

1.2.2 Obligationsmärkte

Das Problem der Adversen Selektion beschränkt sich nicht nur auf die Eigenkapitalfinanzierung. Es betrifft auch Fremdkapitalmärkte mit Finanztiteln wie Krediten oder Obligationen. Bei einer Finanzierung durch die Ausgabe von Industrieobligationen besitzen die Unternehmen mehr Detailinformationen über das Risiko ihrer Projekte als die Kapitalgeber. Steigen die Zinssätze für risikolose Anlageformen wie Schatzanweisungen der öffentlichen Körperschaften - was im Grundmodell einer Erhöhung der Ertragsrate der Investmentgesellschaft i* entspricht-, so steigen in gleichem Masse die Opportunitätskosten für die Kapitalgeber auf Obligationsmärkten. Die Kapitalgeber werden folgedessen höhere Zinssätze für Obligationen fordern. Eine Erhöhung der Zinssätze wird auf der Seite der Unternehmen, die die Obligationen herausgeben, zu einer Negativauslese führen. Der Nettoinvestitionsertrag der guten Unternehmen ist bei einer Erhöhung der Finanzierungskosten vor dem Nettoinvestitionsertrag der schlechten Unternehmen gleich Null -((2)', (3)')-. Bei steigenden Zinssätzen wird der Anteil der schlechten Kapitalnehmer systematisch steigen. Mit der Wahrscheinlichkeit p ist das Projekt erfolgreich, d.h. die risikoreichen Investitionsprojekte erzielen die höchstmöglichen Bruttoinvestitionserträge. Anderenfalls (1-p) müssen die Kapitalgeber die Verluste tragen, da wegen der "limited liability" die Rückzahlungen ausbleiben.

1.3 Moral Hazard

Der zweite Problemtyp bei asymmetrischer Informationsverteilung ist der des Moral Hazard. Ein solches "moralisches Risiko" entsteht nach der Vergabe der Finanzmittel. Der Kapitalnehmer (Manager, Agent) hat infolge der asymmetrischen Informationsverteilung die Möglichkeit der "hidden action"; er kann, wie am Mietwagenbeispiel dargestellt, unter mehreren Handlungsmöglichkeiten eine Auswahl treffen, die für den Kapitalgeber (Eigentümer, Prinzipal) nicht oder nicht kostenlos beobachtbar ist, aber dessen Wohlfahrt beeinflusst.[10] Im folgenden wird der Einfluss von Moral Hazard Problemen auf die Attraktivität traditioneller Eigen- und Fremdkapitalfinanzierungen geschildert.

1.3.1 Eigenkapitalfinanzierung

Bei einer Eigenkapitalfinanzierung ist die Entlohnung des Kapitalgebers (Aktionärs) von der Höhe des Unternehmensertrages abhängig. Der Aktionär profitiert von Dividendenzahlungen und Aktienkurserhöhungen. Ist der Kapitalnehmer nicht identisch mit dem Kapitalgeber oder hält der Manager nur einen geringen Anteil am Aktienkapital des Unternehmens, so kann es für die Agenten zu Anreizen kommen, die nicht im Interesse der Prinzipale liegen. Bei ei-

10 vgl. Mayer 1990
vgl. Hubbard 1991

ner Eigenkapitalfinanzierung hat der Kapitalnehmer Anreize, die auszuweisenden Gewinne zu reduzieren, d.h. die Dividendenzahlungen zu minimieren, um das von ihm kontrollierte Kapital zu erhöhen.[11]
Die Überprüfung, ob das Management das Kapital des Unternehmens effizient einsetzt, bedarf anhaltender, detaillierter und kostspieliger Untersuchungen. Kleinaktionäre besitzen jedoch keinen Anreiz, diese Kosten zu übernehmen. Die Kosten für die Untersuchung und Überwachung der Managementaktivitäten sind so hoch, dass es sich für Kleinaktionäre selbst im Falle einer Disziplinierung des Managements nicht rentiert. Ausserdem würden andere Aktionäre als "free rider" von der Disziplinierung des Managements profitieren, ohne sich an den Kosten zu beteiligen.
Diese Kontroll- und Überwachungskosten aufgrund der Informationsasymmetrie fallen bei einer Eigenkapitalfinanzierung sowohl bei Erfolg ES als auch bei Misserfolg EF an; dies senkt die Attraktivität der Eigenkapitalfinanzierung im Vergleich zur Fremdkapitalfinanzierung, bei der derartige Kontrollkosten infolge der festvereinbarten Zahlungen nur im Fall EF eintreten.[12]

1.3.2 Fremdkapitalfinanzierung

Bei einer Fremdfinanzierung (Kredite, Obligationen), entfallen die Überwachungskosten, solange die vereinbarten, festen Zahlungen nicht ausbleiben:

$$E > (1+i)S \qquad (C)^*$$

Informationsasymmetrien führen bei Fremdkapitalfinanzierungen zu einem anderen Moral Hazard Problem. Da dem Kapitalnehmer sämtliche Zahlungen oberhalb der vereinbarten fixen Schuldzahlungen zustehen, bestehen, aufgrund der aus der asymmetrischen Informationsverteilung resultierenden Möglichkeit der "hidden action", Anreize zur Aufnahme hoher Risiken.
Wenn das risikoreiche Projekt scheitert, trägt der Kapitalgeber die Verluste, welche über die Eigenkapitalhöhe des Kapitalnehmers hinausgehen. Dies kann

11 vgl. Hubbard, Chapter 9, 1991, S.8ff
12 vgl. Hubbard 1991, Chapter 9, S.8ff
vgl. Campbell; Chan 1992

sich folgendermassen ereignen: Abweichend vom Grundmodell hat der Kapitalnehmer die Möglichkeit sowohl das gute Investitionsprojekt I1 als auch das riskante Investitionsprojekt I2 zu realisieren. Das Unternehmen erhält im Austausch gegen einen festverzinslichen Fremdkapitalkontrakt Kapital zur Realisierung von I1. Sobald das Kapital dem Kapitalnehmer zur Verfügung steht, investiert dieser jedoch in das riskantere Projekt I2. Ist das Projekt I2 erfolgreich (p (ES)), erhält der Kapitalgeber die vereinbarten Zahlungen und das Unternehmen realisiert einen, um die Differenz zwischen ES und E1 erhöhten, Gewinn. Bei einem Scheitern von I2, was mit der Wahrscheinlichkeit (1-p) eintritt, trägt der Kapitalgeber den Verlust, da infolge der "limited liability" die Rückzahlungen ausbleiben.[13]

Die Probleme der Adversen Selektion und des Moral Hazard verdeutlichen die Existenz positiver Such-, Informations-, Kontrakt- und Kontrollkosten auf Finanzmärkten mit asymmetrischer Informationsverteilung. Die Gesamtheit dieser Kosten wird als Agency Kosten bezeichnet.[14] Im folgenden werden die aus Informationsproblemen resultierenden Finanzierungsprobleme untersucht.

2 Finanzierungsprobleme bei Informationsasymmetrie

Neben der Kostenerhöhung bei der externen Finanzierung von guten Investitionsprojekten I1 beeinflussen die Informationsprobleme die Kapitalvergabe, das Finanzierungsverhalten und die Kapitalverwendung.

Die Finanzierungsprobleme bei Informationsasymmetrie werden daher unterteilt in Kapitalrationierungen, Free Cash Flow Probleme, die auf der Free Cash Flow Theorie aufbauend den Zusammenhang zwischen Informationsasymmetrie und ineffizientem Finanzierungsverhalten darstellen und in Manager-Fehlverhalten, welches sich auf die Kapitalverwendung bei Informationsasymmetrie bezieht.

13 vgl. Hubbard 1991, Chapter 9, S.11ff
14 vgl. Milde 1991

2.1 Kapitalrationierung

Neben den Problemen der Adversen Selektion und des Moral Hazard ist der Zusammenhang zwischen der Eigenkapitalhöhe der Kapitalnehmer Ck mit k=H,G und der Ertragsrate der Kapitalgeber eMF grundlegend für die Erklärung von Rationierungen des Kapitalangebotes.

Dieser Zusammenhang wird am Beispiel der Investoren mit guten Investitionsprojekten I1 auf "information intensive" Märkten verdeutlicht. Für I1 Kapitalnehmer mit geringem Eigenkapital G ist der Nettoinvestitionsertrag YI1G bei externer Finanzierung und der risikolosen Ertragsrate der Investmentgesellschaft i^* gleich Null, wenn:

$$E1 = (1+iG)\,(X-G) + G\,(1+i^*) \qquad (2)^*$$

Dies ergibt nach iG aufgelöst den Zinssatz iGmax, den die guten Unternehmen I1 maximal zu zahlen bereit sind:

$$E1 = (1+iG)\,(X-G) + G\,(1+i^*)$$
$$E1 = (X-G) + iG\,(X-G) + G + i^*G$$
$$E1/(X-G) = ((X-G) + iG\,(X-G) + G + i^*G))/(X-G)$$
$$E1/(X-G) = (X - G + iG\,(X-G) + G + i^*G)/(X-G)$$
$$(E1 - X - i^*G = iG\,(X-G))\,/\,(X-G)$$
$$iG = (E1-X-i^*G)/(X-G)$$

$$iGmax,I1 = (E1 - X - i^*G)\,/\,(X-G) \qquad (8)$$

und analog für die guten Unternehmen I1 mit hohem Eigenkapital H, den Zinssatz:

$$iHmax,I1 = (E1 - X - i^*H\,)/\,(X-H) \qquad (9)$$

Um den maximalen Ertrag der Kapitalgeber zu erhalten, wird (9) in (5) und (8) in (6) eingesetzt. Dies bestimmt die maximalen Erträge ekmax mit k=H,G beim Pooling von guten I1 und schlechten I2 Kapitalnehmern und bekannter Eigenkapitalhöhe. (5) wird umgeformt:

$$eH = a(1+iH)+(1-a)[p(1+iH)+(1-p)EF/(X-H)]$$
$$eH = [(a+(1-a)p)\ (1+iH)]+[(1-a)(1-p)EF/(X-H)]$$

und (1+iH) wird ersetzt durch (1+iHmax):

$$1+((E1-X-i^{*}H)/(X-H))$$
$$= (X-H+E1-X-i^{*}H)/(X-H)$$
$$= (E1-(1+i^{*})H)/(X-H)$$

$$eHmax = [a+(1-a)p][(E1-(1+i^{*})H)/(X-H)]+ (1-a)[(1-p)EF/(X-H)] \tag{10}$$

dies ergibt den Maximalertrag, welchen die Kapitalgeber bei einem Pooling von I1 und I2 Investitionsprojekten, beobachtbarem, hohen Eigenkapital H und dem optimalen Zinssatz erzielen -dies gilt analog für G-:

$$eGmax = [a+(1-a)p][(E1-(1+i^{*})G)/(X-G)]+ (1-a)[(1-p)EF/(X-G)] \tag{11}$$

Der letzte Term in (10) und (11) verdeutlicht, dass $eHmax > eGmax$, wenn das Eigenkapital einen ausreichend hohen Wert erreicht. Der Ertrag der Kapitalgeber steigt mit der Eigenkapitalhöhe:

$$d\ ekmax/d\ C > 0 \tag{10,11)*}$$
mit k=H,G

Aufbauend auf der Negativauslese beim Pooling und dem positiven Zusammenhang zwischen der Ertragsrate der Kapitalgeber und der Eigenkapitalhöhe der Kapitalnehmer wird untersucht, ob eine Eigenkapitalhöhe existiert, bei der die Kapitalnehmer mit den Investitionsprojekten I2 den Markt zuerst verlassen, d.h. $iCkmaxI2 < iCkmaxI1$.
Aus (8) und (9) ist die Höhe der Zinsen bekannt, bei der die guten Kapitalnehmer I1 mit hohem und geringem Eigenkapital einer externen Finanzierung indifferent gegenüberstehen und die Kapitalgeber ihre erwarteten Erträge maximieren. Der maximale Zins für Kapitalnehmer mit Investitionsprojekten I1 lässt sich allgemein ausdrücken als iCkmax,I1 mit k=H,G:

$iCkmaxI1 = (E1 - X - i^*Ck) / (X-k)$ (13)

Analog zu den Kapitalnehmern vom Typ I1 werden sich die Kapitalnehmer mit I2 Investitionsprojekten nicht mehr extern finanzieren, wenn: $YI2k = 0$.

$YI2k = p\,[ES - (1+ik)\,(X-Ck)] - Ck\,(1+i^*) = 0$ (3)*

$p\,[ES - (1+ik)\,(X-Ck)] - Ck\,(1+i^*) = 0$

$pES - p(X-Ck) - p\,(ik(X-Ck)) - Ck\,(1+i^*) = 0$

$iK = [pES - p(X-Ck) - Ck\,(1+i^*)] / p(X-Ck)$

$ik = [pES - pX + pCk - Ck - i^*Ck] / p(X-Ck)$

$ik = [p\,(ES-X) + pCk - Ck(1+i^*)] / p(X-Ck)$

$ik = [p\,(ES-X) - Ck\,(1+i^*-p)] / p(X-Ck)$

$iCkmaxI2 = (p(ES-X) - Ck(1+i^*-p)) / p(X-Ck)$

$Ck=H,G$ (14)

Dabei ist iCkmaxI1 = iCkmaxI2, d.h. der Zins, den die guten Kapitalnehmer maximal zahlen, ist gleich dem Zins, bei dem die schlechten Kapitalnehmer den Markt verlassen:

$E1 - X - i^*C = ES - [C(1+i^*-p)/p] - X$ oder

$C^* = [(ES-E1)/(1+i^*)]\,[p/(1-p)]$ (15)

Die Eigenkapitalhöhe C^* ist der Wert, ab dem die Kapitalnehmer auf "information intensive" Märkten sich selbst selektieren. Kapitalnehmer mit I1 Investitions-projekten investieren immer ihr ganzes Eigenkapital in ihr Investitionsprojekt, da ihr Ertrag höher als der Erwartungsertrag der Investmentgesellschaft ist. Dieses Verhalten müssen die Kapitalnehmer mit I2 Investitionsprojekten imitieren, um ihre schlechte Qualität nicht zu offenbaren. Ab der Eigenkapitalhöhe C^* sind die Kapitalnehmer vom Typ I2, infolge der Haftung mit ihrem Eigenkapital bei einem Scheitern des Investitionsprojektes, jedoch nicht mehr bereit ihr gesamtes Eigenkapital in I2 zu investieren.
Die Existenz nur eines C^* im Modell ergibt sich daraus, dass von einem festen Investitionsvolumen X für alle Kapitalnehmer ausgegangen wird. Ist $C<C^*$

kommt es zum Pooling von Kapitalnehmern mit I1 und Kapitalnehmern mit I2 Investitionsprojekten.

Für das Verhältnis der Eigenkapitalhöhen H,G von Kapitalnehmern auf Finanzmärkten mit asymmetrischer Informationsverteilung zum kritischen Eigenkapitalwert C^* existieren drei mögliche Kombinationen:

$H,G < C^*$ (15)*

$G < C^* < H$ (15)**

$H,G > C^*$ (15)***

Die Kombination (15)* entspricht dem Pooling von I1H, I2H, I1G und I2G. Die Kapitalgeber können die Kapitalnehmer auf asymmetrischen Märkten nicht unterscheiden. Die Eigenkapitalhöhen H und G erreichen nicht das Niveau von C^*, das Eigenkapital ist nicht hoch genug für eine Selektion.

Die Informationsprobleme bewirken, dass bei einer Erhöhung der Kapitalzinsen das durchschnittliche Risiko der Kapitalnehmer steigt. Der erwartete Ertrag der Kapitalgeber steigt daher langsamer als der Kapitalzins und wird ab der Zinshöhe iCkmaxI1 sogar fallen.

Aufgrund der Informationsasymmetrie und $H,G < C^*$ können die Kapitalgeber ihren Erwartungsertrag bei iCkmaxI1 nicht durch die Forderung höherer Kapitalzinsen steigern und die Kapitalnehmer auch durch die Forderung der maximalen Eigenkapitalanteile nicht separieren. Die Kapitalvergabe wird auf die Gleichgewichtsmenge, welche sich bei iCkmaxI1 ergibt, rationiert. Über diesen Zins hinaus bieten die Anbieter auch dann kein Kapital mehr an, wenn die Nachfrager bereit sind, höhere Zinsen zu zahlen. Dies erklärt den Sachverhalt, dass ein Teil der im Pool vorhandenen Kapitalnehmer kein Kapital erhält, auch wenn deren Qualitäten nicht schlechter als die der Kapitalnehmer sind, die externes Kapital erhalten. Die Investmentgesellschaft wird zunächst die beobachtbaren Investitionsprojekte W finanzieren und gute I1H, I1G und schlechte I2H und I2G Kapitalnehmer gleichermassen rationieren. [15]

Bei Kombination (15)** ist H ausreichend gross für eine Selektion. Die Kapitalgeber können die Kapitalnehmer mit hohem Eigenkapital trotz Informationsasymmetrie separieren. I1H und I2H sind identifiziert und nur für I1G und I2G kommt es zum Pooling. Die Kapitalgeber werden zuerst die Kapitalnehmer

15 vgl. Stiglitz; Weiss 1981

vom Typ I1H finanzieren, dann die Kapitalnehmer mit beobachtbaren Projekten W, dann den Pool aus I1 und I2 Kapitalnehmern mit geringem Eigenkapital und zuletzt die identifizierten Kapitalnehmer mit I2 Investitionsprojekten und hohem Eigenkapital. Die Rationierung beschränkt sich bei den guten Kapitalnehmern auf I1G und bei den schlechten Kapitalnehmern werden I2H und I2G rationiert.

Bei der Kombination (15)*** reichen beide Eigenkapitalhöhen H,G zur Identifikation aus. Die Finanzierungssituation ist identisch mit der Finanzierung bei Informationssymmetrie. Es werden weder I1H noch I1G Kapitalnehmer rationiert. Zunächst werden Kapitalnehmer mit Investitionsprojekten vom Typ I1, dann die beobachtbaren Investitionsprojekte W und erst zum Schluss die I2 Kapitalnehmer finanziert.

2.2 Free Cash Flow Probleme

Neben der Kapitalvergabe wird auch das Finanzierungsverhalten von Managern durch Informationsasymmetrien beeinflusst. Ein Mass für die finanziellen Mittel, die der Agent kontrolliert, ist der "free cash flow". "Cash flows" entstehen als Differenz zwischen Zahlungseingängen und -abflüssen, einschliesslich der Zahlungen an Aktionäre und Kapitalgeber. Der Überschuss an "cash flow", der nicht profitbringend[16] reinvestiert werden kann, wird als "free cash flow" bezeichnet.[17]
Die Existenz grosser "free cash flow" Beträge ist in Industrien wahrscheinlich, die durch Gewinne "cash flows" realisieren und nicht über profitable Investitionsprojekte verfügen. Diese Situation trifft zumeist auf Branchen zu, deren Entwicklung durch einen stetigen Verlauf gekennzeichnet ist. Bei gründungsnahen Industrien und Industrien mit expansivem Wachstum kommt es normalerweise nicht zur Anhäufung grosser "free cash flow" Beträge.
Das Management hat aufgrund der Informationsasymmetrie bei der Verwendung der "free cash flows" Möglichkeiten zur "hidden action", was gleichzeitig Anreize zur Maximierung der "free cash flows" darstellt.

16 Projekte mit einem positiven Nettoinvestitionswert.
17 vgl. Jensen 1986, S.323

Auszahlungen von "free cash flows" an die Aktionäre reduzieren die von den Managern kontrollierbaren Ressourcen und damit deren Macht. Zudem kann aufgrund von "free cash flow" Auszahlungen bei Kapitalbedarf eine Fremdkapitalaufnahme notwendig werden, was für das Management die Gefahr einer Kontrolle und gesetzlich erzwingbarer Zahlungen bedeutet. In einem vollständig mit Eigenkapital finanzierten Unternehmen kann das Management dagegen faktisch nicht zur Ausschüttung der Überschüsse gezwungen werden. Weitere Anreize zur Maximierung der "free cash flows" resultieren daraus, dass bei einer internen Finanzierung neuer Investitionen durch "free cash flows" der Manager die gesetzlich erzwingbaren Auszahlungen von Fremdkapitalfinanzierungen vermeidet.[18]

Schliesslich besitzen "free cash flows" für Manager eine Polsterfunktion, da temporär rückläufige Zahlungseingänge durch "free cash flows" kompensiert werden können.

Diese Anreize zur Anhäufung von "free cash flows" beeinträchtigen die Funktionsfähigkeit der Finanzmärkte. Bei Informationssymmetrie muss der Manager, der über "free cash flows" verfügt, diese in Form von Dividendenzahlungen an die Eigentümer auszahlen. Die Eigentümer haben dann die Entscheidungsmöglichkeit, ihr Kapital in Projekte zu investieren, die einen höheren Ertrag versprechen.

Eine niedrige Bewertung durch den Aktienmarkt muss aufgrund derartiger "principal-agent" Probleme kein Marktversagen sein, sondern kann einen Kursabschlag infolge von Agency Kosten widerspiegeln. Aktienkursrückgänge als Reaktion auf die Kürzung von Dividendenzahlungen lassen sich auf diese Weise mit der "free cash flow"-Theorie erklären.[19]

2.3 Manager-Fehlverhalten

Auf eine Vielzahl amerikanischer Grossunternehmen haben in den späten 70er und in den 80er Jahren die Konstellationen der "free cash flow"-Theorie zugetroffen. Beispiele sind Branchen wie die Öl-, Tabak- oder Lebensmittelindustrie. In diesen Branchen wurden beachtliche Gewinne realisiert, zugleich

18 vgl. Jensen 1986, S.323ff
19 ebenda

waren nur begrenzt profitable Investitionen möglich. Analog zur "free cash flow"-Theorie haben die Manager dieser Industrien die "free cash flows" nicht ausbezahlt. Stattdessen wurden teilweise bewußt und zur Mehrung de persönlichen Machtbereiches unprofitable Investitionen getätigt und Unternehmenszusammenschlüsse im grossen Stil durchgeführt, die im nachhinein mit grossen Verlusten wieder veräussert werden mussten.
Der Kauf von Nabisco Foods durch R.J. Reynolds Tabacco Co. zur Gründung von RJR-Nabisco wurde zum Musterfall für die aus Informationsproblemen resultierende "principal-agent" Problematik.[20] Die Verwendung der "free cash flows" für Investitionen, wie den Flop der rauchlosen Zigarette oder Ausgaben für unternehmenseigene Luftflotten und Prachtvillen waren die Folge. Das Ergebnis des "Wachstums um jeden Preis" waren negative Kursreaktionen und Verluste in Milliardenhöhe.[21]

3 Lösungsansätze

Agency Kosten, Rationierungen und Fehlallokationen stellen Anreize für die Lösung der Informations- und Finanzierungsprobleme dar. Kapitalgeber besitzen Anreize, die Qualitäten der Kapitalnehmer zu identifizieren, um ihre Erträge eMF zu maximieren. Gute Kapitalnehmer wollen ihre Qualitäten signalisieren, um Durchschnittspreisbildungen und Rationierungen zu entgehen. Die Identifizierung ihrer guten Qualität führt für diese zur Senkung der Finanzierungskosten. Dies bedeutet im Idealfall Konditionen, wie sie bei symmetrischer Informationsverteilung bestehen, bei der die Qualität der Kapitalnehmer deren Finanzierungskosten bestimmt. Gleichzeitig erhöhen sich durch die Identifizierung der guten Qualitäten die Finanzierungskosten für den Rest des Pools.[22]
Nachfolgend werden Ansätze zur Lösung von Informationsproblemen vorgestellt. Die Ansätze lassen sich zunächst grob in Markt- und Kontraktlösungen untergliedern.

---

20 Für eine detaillierte Darstellung siehe Milde 1990, S.45ff
21 vgl. Schmidt 1991, S.12ff
vgl. Hubbard 1991, Chapter 9, S.19
22 vgl. Stiglitz 1975, S.283

Die Marktlösungen werden unterteilt in Ansätze, die primär auf der Kontrollfunktion des Fremdkapitales basieren und Ansätze, deren Schwerpunkt auf der direkten Kontrolle des Managements und der direkten Informationsbeschaffung liegt.

Das Ziel verschiedener Kontraktdesigns ist eine Selektion der Kapitalnehmer. Diese resultiert daraus, dass die Kapitalnehmer ihre Qualitäten durch die Auswahl des für sie optimalen Kontraktes, aus einer Vielzahl von Kontrakten, offenbaren. Die Identifizierung der Qualitäten infolge der Kontraktauswahl der Kapitalnehmer wird auch als indirekte Informationsbeschaffung bezeichnet. Die Kontraktlösungen werden untergliedert in Prüfverfahren und Selbstselektionen. Bei den Prüfverfahren sind die Kontrakte die Fortsetzung einer Grobklassifizierung der Kapitalnehmer infolge einer vorgelagerten direkten Informationsbeschaffung.

Die Selbstselektion durch Kontraktdesigns beinhaltet keine direkte Informationsbeschaffung mehr, sondern zielt auf die Identifizierung der Kapitalnehmer alleine durch deren Kontraktauswahl.

Im Überblick stellen sich die Lösungsansätze und ihre zentralen Aspekte folgendermassen dar:

Graphik 3: Lösungsansätze

3.1 Marktlösungen

Zur Reduzierung der Informationsprobleme und der daraus resultierenden Agency Kosten haben sich Marktansätze entwickelt, die in ihrem Kern auf folgenden Strategien basieren: Kontrollfunktion des Fremdkapitales, Erhöhung der Beteiligung des Managements, Verbesserung der Organisation der Aktionäre zur Lösung der "free rider" Problematik, Stärkung des Aufsichtsrates zur Kontrolle und Disziplinierung des Managements und direkte Informationsbeschaffung zur Identifizierung der Kapitalnehmer. Diese Strategien werden vielfach kombiniert. Im folgenden werden die Marktlösungen in Strategien, deren Schwerpunkt auf der Kontrollfunktion des Fremdkapitales liegt und in Strategien, welche primär auf eine direkte Kontrolle und Informationsbeschaffung zielen, unterteilt.

3.1.1 Kontrollfunktion von Fremdkapital

Die Kosten infolge von Informationsproblemen haben zu Innovationen auf den Märkten für Unternehmensfinanzierungen und Unternehmenszusammenschlüssen geführt. Die Disziplinierungs- und Kontrollfunktion hoher Fremdkapitalanteile steht hierbei im Mittelpunkt. Dies wird am Beispiel von finanziellen Umstrukturierungen ("restructurings") verdeutlicht. Finanzielle Umstrukturierungen sind durch den Ersatz externen Eigenkapitales durch Fremdkapital charakterisiert und stellen einen Sonderfall von "going private" Transaktionen dar.[23] Der generelle Typ der finanziellen Umstrukturierungen wird als "leveraged buyout" (LBO) bezeichnet. Bei LBO-Unternehmen beträgt der Fremdkapitalanteil nicht selten 90 Prozent. Ein Spezialfall des LBO tritt ein, wenn vom Unternehmensmanagement selbst Fremdkapital aufgenommen wird, um die Aktien anderer Unternehmenseigentümer zurückzukaufen. Dies wird als "management leveraged buyout" (MLBO) bezeichnet.[24] Durch das MLBO wird der Anspruch auf den "free cash flow" von einem Eigenkapitalanspruch in ei-

---

23 Bei "going private" Transaktionen wird das gesamte ausstehende Aktienkapital einer Unternehmung von einer kleinen Anlegergruppe aufgekauft.
vgl. Milde 1990, S.45

24 vgl. Kaplan 1992, S.635-639

nen Fremdkapitalanspruch umgewandelt. Zugleich werden die Unternehmensanteile des Managements erhöht; das Management wird Eigentümer des Unternehmens.
Eine verbesserte Disziplinierung und Kontrolle des Managements resultiert daraus, dass der Kapitalgeber bei einer Fremdkapitalfinanzierung die vereinbarten Zahlungen gesetzlich erzwingen und bei ausbleibenden Zahlungen ein Konkursverfahren einleiten kann.[25] Zudem führen Zahlungsverpflichtungen aufgrund von Fremdkapitalkontrakten zu einer Reduzierung der "free cash flows", die dem Management zur Verfügung stehen.
Im Falle eines ineffizienten Managements kommt es bei einer Fremdkapitalfinanzierung aufgrund gesetzlich erzwingbarer Zahlungen früher zum Konflikt mit den Kapitalgebern als bei einer Eigenkapitalfinanzierung.[26] Die Folge ist, dass die notwendigen finanziellen und personellen Umstrukturierungen und die Verbesserung der Kontrolle des Managements ebenfalls früher als bei einer Eigenkapitalfinanzierung erfolgen. Die erhöhte Effizienz des Managements aufgrund eines gestiegenen Fremdkapitalanteiles wird als "Control Hypothesis" bezeichnet.[27]
Auch das Management hat ein Interesse an der "Selbstdisziplinierung", die es sich im Fall der MLBO's auferlegt, weil es als Eigentümer stärker von einem steigenden Unternehmenswert profitiert.[28] Das effiziente Management und der Rückkauf von Aktien führen zu Aktienkurssteigerungen und damit zur Wohlfahrtssteigerung der Aktionäre und zur Senkung der Kosten einer externen Finanzierung.
Die "Control Hypothesis" besagt jedoch nicht, dass das Fremdkapital immer positive Kontrolleffekte hat. Die Kontrolleffekte treffen primär auf die Unternehmen zu, auf die auch die "free cash flow"-Theorie zutrifft. Die Eigenschaften dieser Unternehmen weisen jedoch starke Überschneidungen mit den Eigenschaften typischer LBO Kandidaten auf.[29]
Die Hauptkritik am "high leverage" als Lösungsansatz der Agency Kosten ist die Gefahr der "financial fragility". Bei dieser Situation ist der Fremdkapitalan-

25 vgl. Jensen 1989
26 vgl. Jensen 1986, S.324
vgl. Jensen 1989, S.73
27 vgl. Jensen 1986, S.324
28 vgl. Morck; Shleifer; Vishny 1988
vgl. Hubbard 1991, Chapter 9, S.14f
29 vgl. Milde 1990, S.48f

teil so hoch, dass die daraus entstehenden Zahlungsverpflichtungen Beschränkungen für Investitionen, Beschäftigung oder Produktion mit sich bringen.[30]

3.1.2 Direkte Informationsbeschaffung und Kontrolle

Bond Rating Agencies stellen ein Instrument zur Beschaffung von Informationen und damit zur Vermeidung von Finanzierungsproblemen dar.
Während amerikanische Bond Rating Agenturen schon kurz nach der Jahrhundertwende mit dem Rating für langlaufende Finanztitel -wie Industrieanleihen- begonnen haben, wurde die Notwendigkeit eines kurzfristigen Ratings erst in den 70er Jahren erkannt. Das langfristige Rating dient der Beurteilung des relativen Bonitätsrisikos und der Bestimmung der Angemessenheit des im Zins gewährten Risikoentgelts. Das kurzfristige Rating zielt auf die Bewertung des absoluten Bonitätsrisikos.
Das kurzfristige "credit rating" ist eine der offensichtlichsten Reaktionen auf die Entwicklung der Agency Kosten in den 70er und 80er Jahren. Die durch das Rating des Kapitalnehmers öffentliche Qualitätsbeurteilung beeinflusst die Kosten der externen Finanzierung. So werden Finanzierungsbedingungen möglich, wie sie auf Finanzmärkten mit symmetrischer Informationsverteilung bestehen.
Der Wert dieser Qualitätsidentifikation für die Kapitalnehmer spiegelt sich in den Ratinggebühren wider.[31] So ist ein jährlicher Festbetrag von 10.000 US-Dollar zuzüglich 0,6 Basispunkte, gerechnet vom ausstehenden Emissionsvolumen, keine Besonderheit.[32]

---

30 Steuervorteile und Transferzahlungen von Regierungen, Angestellten und Kunden sind ebenso wahrscheinliche Folgen des "high leverage", wie das aus einem steigenden Leverage resultierende Problem der zunehmenden Risikobereitschaft ("risk-incentive-problem").
vgl. Gavish; Kalay 1983

31 Hinzu kommen Aufwendungen wie Listen über Personen des emittierenden Unternehmens, der Händler und der begleitenden Banken; eine Übersicht über die bestehenden Bankverbindungen; genaue Angaben über die geplante Emission; sowie die Bereitschaft, sich eines besonderen Verfahrens zur Überprüfung zu unterziehen.

32 vgl. Everling 1992, S.78ff

Die Finanzierung durch Venture Capital stellt einen Lösungsansatz für die aus der Informationsasymmetrie resultierenden Finanzierungsprobleme dar. Die Wagnisfinanzierung durch Venture Capital kann insbesondere als Lösungsansatz der Kapitalrationierung interpretiert werden. Venture Capitalists bieten eine Alternative zu den klassischen Finanzierungsformen. Die Wagnisfinanzierer bringen haftendes Eigenkapital in das zumeist gründungsnahe Unternehmen ein und realisieren ihren Wertzuwachs erst, wenn das Unternehmen Gewinne erzielt.

Im Gegensatz zu einer Fremdkapitalfinanzierung erhalten Wagnisfinanzierer weder dingliche Sicherheiten noch Zins und Tilgung, sondern partizipieren am Gewinn und Verlust des Unternehmens. Anstelle von Sicherheiten erhalten die Wagnisfinanzierer Einflussmöglichkeiten auf Entscheidungen des Managements. Mit der Vergabe der Finanzmittel ist eine Managementberatung verbunden, die für die Beteiligungszeit bestehen bleibt.

Das Interesse der Venture Capital Gesellschaften ist darauf ausgerichtet, die Ertragskraft der meist gründungsnahen Unternehmen herbeizuführen und zu erhöhen, um damit den Wert des erworbenen Unternehmensanteiles zu steigern. Der Gewinn wird durch den späteren Verkauf der Beteiligung realisiert.

Die Bedeutung der Finanzierung durch Venture Capital stieg in den 80er Jahren in den USA beachtlich, insbesondere im Zusammenhang mit Gründungen von Industrien im "high-tech" Bereich.[33] Die Kontroll- und Disziplinierungsfunktion der Wagnisfinanzierung ist -im Vergleich zur Beseitigung der Kapitalrationierung- nur sekundär, da die meist gründungsnahen Unternehmen nicht primär durch hohe "free cash flows" oder "principal-agent" Probleme charakterisiert sind.

Takeovers, Allianzen und Joint Ventures stellen Lösungsansätze für die aus der Informationsasymmetrie resultierenden Kontrollprobleme dar. Als "takeover" wird der Sachverhalt bezeichnet bei dem eine Gruppe von Aktionären durch den Kauf grosser Aktienpakete, die Kontrolle des Unternehmens erhält. Dies kann durch die Beseitigung von "free rider"-Problemen eine verbesserte Kontrolle des Managements ermöglichen. Die erhöhte Kontrolle des Managements kann dazu führen, dass die bisherigen Manager ihren Job verlieren. Schon Androhungen von "Takeovers" können das Management zu

---

33 vgl. Hubbard 1991, Chapter 9, S.8
vgl. Handelsblatt 8./9.5.1992

Kostensenkungen und Auszahlungen von "free cash flows" veranlassen; steigende Aktienkurse sind die Folge.
Allianzen und Joint Ventures[34] stehen stellvertretend für Formen von Unternehmensfusionen mit einem im Vergleich zur Akquisition einer einhundert Prozent Tochter geringeren Kapitaleinsatz.
Die Gefahr von "principal-agent" Problemen kann durch diese Fusionen reduziert werden. Der erste Grund hierfür ist der im Vergleich zu Akquisitionen geringere Kapitaleinsatz. Bei diesen "billigeren", partiellen Fusionen werden "free cash flows" nicht in dem Masse einer Umverteilung an die Aktionäre entzogen wie bei einer Akquisition.
Weiterhin wird durch ein Joint Venture oder eine Allianz die Autonomie der Manager reduziert, da es immer mindestens einen weiteren starken Partner gibt, der eine Kontrollfunktion ausübt.[35] Diese direkte Kontrolle und Disziplinierung des Managements ist bei Joint Ventures und Allianzen massgeblich für eine Senkung der Agency Kosten; die Bedeutung der Kontrollfunktion durch die Aufnahme von Fremdkapital ist nur sekundär.
Ein durch das Management initiiertes Joint Venture ist daher als Form einer Selbstbindung zu verstehen, die zu einer Reduzierung von "principal-agent" Problemen führen und damit Aktienkurssteigerungen bedingen kann.[36]

3.2 Kontraktlösungen

Um Kosten einzusparen, wird auch nach Verfahren gesucht, die als Ersatz für die direkte Informationsbeschaffung und Kontrolle dienen können. Ein Verfahren zur Identifizierung der Kapitalnehmerqualitäten basiert auf der Standardisierung von Verträgen. Standardisierte Verträge, im folgenden als Kontrakte bezeichnet, beinhalten immer die Kombination von mindestens zwei Komponenten. Die Kontraktkomponenten umfassen Zins, Volumen, Laufzeit, Sicher-

---

34 Allianzen und Joint Ventures werden als Gemeinschafts- oder Partnerschaftsunternehmen verstanden, welche durch eine kapitalmäßige Beteiligung und Tragung anteiligen Risikos seitens aller Partner gekennzeichnet sind.
35 vgl. Copeland; Weston 1988, S.676ff
36 vgl. Schmidt 1991
vgl. Copeland; Weston 1988, S.676ff

heiten und an die Kapitalvergabe gebundene Restriktionen. Kontrakte, welche auf die Identifizierung der Kapitalnehmerqualitäten ausgerichtet sind, zielen auf eine Selbstselektion bei den Kapitalnehmern. Den Kapitalnehmern wird durch verschiedene Kombinationen von Kontraktkomponenten entweder eine Vielzahl von Kontrakten zur Auswahl oder genau ein Standardkontrakt angeboten. Darüber, inwieweit Kapital-nehmer durch Kontraktdesigns zur Offenlegung ihrer tatsächlichen Qualität veranlasst werden, besteht in der Literatur kein Konsens; es ist abhängig von den jeweiligen Modellannahmen. Zum Beispiel belegen Milde und Riley (1988) sowie Besanko und Thakor (1987) Kontraktdesigns, die durch eine Selbstselektion die Kreditnehmer zur Signalisierung ihrer tatsächlichen Qualität veranlassen; dagegen zeigen Jaffee und Russel (1976) und Stiglitz und Weiss (1981), dass die Kapitalgeber ihren Ertrag dann maximieren, wenn nur ein Kontrakt angeboten und die Kapitalvergabe rationiert wird.[37]
Kontraktdesigns stellen auch einen Lösungsansatz für Moral Hazard Probleme dar. Hierbei versucht der Prinzipal den Kontrakt mit seinem Agenten in der Weise optimal zu gestalten, dass dieser die aus dem Moral Hazard resultierenden Kosten minimiert.

3.2.1 Prüfverfahren

Prüf- oder Testmodelle sind als Mischform zwischen Direkter und Indirekter Informationsbeschaffung durch eine Mischung aus direktem Ressourceneinsatz und dem Angebot von Kontrakten charakterisiert. Zunächst reduzieren Kapitalgeber oder stellvertretende Institute durch den Einsatz von Ressourcen den Informationsvorsprung der Kapitalnehmer. Die durch die direkte Informationsbeschaffung gewonnenen Informationen ermöglichen die Bildung von Klassen innerhalb des Pools.
Jeder Klasse wird genau ein Standardkontrakt angeboten. Je kleiner die Anzahl der Klassen ist, desto heterogener ist die Mischung der Qualitäten der Kapitalnehmer pro Klasse.

---

37 vgl. Milde; Riley 1988
vgl. Besanko; Thakor 1987
vgl. Jaffee; Russel 1976
vgl. Stiglitz; Weiss 1981
vgl. Pecchenino 1992

Bei diesen Kontrakten hat der Nachfrager nur die Wahl, den klassenspezifischen Standardkontrakt zu akzeptieren oder abzulehnen.[38]

3.2.2 Selbstselektion

Im Gegensatz zu den Prüfverfahren bieten reine Kontraktlösungen, welche auf die Identifizierung von Kapitalnehmerqualitäten ausgerichtet sind, den Nachfragern eine Vielzahl alternativer Kontrakte an. Der Nachfrager wird gemäss seiner Qualität den für ihn besten Kontrakt auswählen. Ein Kapitalnehmer I2 mit grossen Verlustrisiko wird zum Beispiel eher bereit sein, einen Kontrakt mit hohem Kontraktzins und dafür geringen Sicherheitserfordernissen zu akzeptieren. Ist seine riskante Investition erfolgreich (ES), kann er die Konditionen erfüllen und realisiert den höchstmöglichen Ertrag anderenfalls trägt aufgrund der "limited liability" der Kapitalgeber den Verlust.
Ein Unternehmen guter Qualität I1 wird hingegen einen Kontrakt auswählen, der hohe Sicherheitserfordernisse im Austausch gegen geringere Kontraktzinsen gewährleistet.
Die Kontraktkomponenten werden so kombiniert, dass die beobachtbare Wahlhandlung des Kapitalnehmers einen Rückschluss auf dessen Qualität erlaubt. Dadurch, dass Kapitalnehmer guter Qualität systematisch andere Kontrakte als "lemons" auswählen, kommt es zur Selbstselektion innerhalb des Pools. Durch den Prozess der Selbstselektion können die Kunden ex post getrennt und klassifiziert werden. Wieweit sich die Finanzierungskonditionen infolge dieser Selbstselektion den Bedingungen von Finanzmärkten mit symmetrischer Informationsverteilung annähern, ist umstritten.[39]

---

38 vgl. Milde 1987, S.323
39 Bester zeigt, daß durch die Selbstselektion der Prozeß der Kreditrationierung vollständig vermieden werden kann. Er trifft die Annahme, daß die Banken gleichzeitig die Zins- und Sicherheitserfordernisse der Kontrakte bestimmen,weil erst dann der Gebrauch verschiedener Kontrakte als Selektionsmechanismus möglich ist, und dass die Investoren über unbegrenzte Sicherheitserfordernisse verfügen. Damit widerspricht er den vorangegangenen Beiträgen von Stiglitz/Weiss und Wette, diese zeigen, dass es auch bei steigenden Sicherheitserfordernissen zur Adversen Selektion kommen kann.Der Kernunterschied liegt darin, dass bei Bester die Kapitalgeber ein zusätzliches Instrument kontrollieren, um Informationsprobleme auszuschließen.

Kontrakte bieten auch Ansätze zur Lösung von Moral Hazard Problemen. Wie das Mietwagenbeispiel zeigt, hat der Agent (Mieter) die Möglichkeit, unter mehreren Handlungsalternativen eine Auswahl zu treffen, die für den Prinzipal (Vermieter) nicht beobachtbar ist. Die Lösung der Moral Hazard Probleme basiert bei Kontrakten auf der Benutzung von Anreizmechanismen, die dazu führen, dass der Agent die vom Prinzipal präferierte Handlungsalternative aus eigenem Interesse heraus wählt. Auf das Beispiel des Mietwagens übertragen könnte ein Kontrakt gestaltet werden, der eine Beteiligung des Mieters an der Abnutzung vorsieht. Eine Möglichkeit zur Messung der Abnutzung bietet der Zusammenhang zwischen Wertverlust, Geschwindigkeit und Benzinverbrauch. Ausgehend vom durchschnittlichen Verbrauch kann der Vermieter eine Prämie bei unterdurchschnittlichem Verbrauch und eine Gebühr ("penalty") bei überdurchschnittlichem Benzinverbrauch im Kontrakt festlegen.
Auch bei der "principal-agent" Beziehung zwischen Kapitalgeber und Kapitalnehmer beeinflusst die Auswahl des Agenten aus verschiedenen Handlungsalternativen die Höhe des unsicheren Ertrages, an dem der Prinzipal und der Agent anteilsmässig beteiligt sind. Bei der Gestaltung eines optimalen Kontraktes haben Prinzipal und Agent die Entscheidungen darüber zu treffen, wie der Ertrag zwischen beiden aufgeteilt wird. Auf diese Weise kann der Prinzipal den Agenten über Anreizmechanismen zu einem Handeln in seinem Sinne veranlassen und somit die Agency Kosten senken.

4 Gesamtwirtschaftliche Auswirkungen

Der optimale Einsatz der Ressource Kapital ist häufig nicht mit der zeitlichen Form der erwarteten Einkommensströme identisch. Die Existenz von Finanzmärkten ermöglicht durch die Vorausnahme zukünftiger Einkommen oder die Übertragung gegenwärtiger Einkommen in die Zukunft eine Nutzensteigerung. Funktionsfähige Finanzmärkte, d.h. Finanzmärkte mit symmetrischer Informationsverteilung, ermöglichen eine effiziente Allokation von Ressourcen.[40]

vgl. Stiglitz; Weiss 1981, S.402ff
vgl. Wette 1983
vgl. Bester 1985, S.850ff
vgl. Jaffee 1992, S.539-541
40 vgl. Baltensperger; Milde 1987

Kapitel A hat die Wirkung von Informationsasymmetrien auf die Funktionsweise von Finanzmärkten und damit auf die Kosten, die Verfügbarkeit und die Verwendung von externem Kapital aufgezeigt. Informationsprobleme und deren Lösungsansätze beeinflussen die interne Unternehmensorganisation und die externen Beziehungen des Unternehmens zu Kapital-, Arbeits- und Produktmärkten. Die Rationierung von guten Unternehmen bei gleichzeitiger Subventionierung schlechter Unternehmen führt zu Fehlallokationen als Folge von Informationsasymmetrien. Fehlallokationen beeinträchtigen die Funktionsfähigkeit wirtschaftlicher Systeme, verstanden als die Verteilung von Ressourcen auf deren effiziente Verwendung und damit deren Entwicklung.[41]

Das nächste Kapitel untersucht die Bedeutung von Banken bei der Lösung von Informations- und daraus resultierenden Finanzierungsproblemen.

41 Unter Entwicklung wird die Steigerung der gesellschaftlichen Wohlfahrt und die Verbesserung der Funktionsfähigkeit der Wirtschaft, d.h. die Fähigkeit des Systems zur Nutzung der vorhandenen Ressourcen verstanden. Definition von Professor El Shagi El Shagi.
vgl. Wenger; Terberger 1988

B Die Rolle der Banken bei der Lösung von Informationsproblemen

Kapitel A hat die zentralen Ungewissheitsaspekte auf Finanzmärkten mit Informationsasymmetrie verdeutlicht. Diese Ungewissheit, die daraus resultiert, dass es eben nicht den repräsentativen, sondern gute und schlechte Kapitalnachfrager gibt, ist der charakteristische Unterschied in den Umweltbedingungen von Banken und anderen Unternehmen.

Anhand der Kreditvergabe dokumentiert dieses Kapitel, dass der Umgang mit Ungewissheiten, die sich den Banken als Risiken darstellen, die Spezialität der Banken ist. Banken besitzen komparative Kostenvorteile bei der Identifikation, Aufspaltung, Bündelung und Verarbeitung von Risiken.

Das Ziel der Banken, ihre komparative Vorteile bei der Aktiva-Transformation zu nutzen und kreditmarktspezifische Risiken abzustossen, spiegelt sich auch in der Entwicklung des Bankings wider. Dabei können mit dem Traditional- und dem Nontraditional Banking zwei Banking-Typen unterschieden werden, die durch eigene Konzepte und Risiken charakterisierbar sind.

Bis zu Beginn der achtziger Jahre war der Begriff Banking in seiner Essenz mit Intermediation zu umschreiben: Das Traditional Banking konzentriert sich darauf, Einlagen, die dem Einleger jederzeit verfügbar sind, in Kredite zu transformieren. Einlagen sind für die Depositeninhaber Aktiva mit höchstem Liquiditätsgrad. Bankkredite sind zumeist auf die Situation des Kreditnehmers speziell zugeschnitten und daher höchst illiquide; hohe Kreditrisiken und heterogene Kreditqualitäten sind typischerweise vorhanden. Für die Bank besteht die Gefahr einer potentiellen Wertminderung der Vermögenspositionen, die auf schlechte Kreditqualitäten und/oder auf für die Bank nachteilig verlaufende Entwicklungen auf Geld-, Kapital- und Devisenmärkten zurückzuführen ist.

Die Kreditrisiken bestehen darin, dass die Kreditnehmer weder in der Lage sind die aufgenommenen Kredite zu tilgen, noch die angefallenen Zinszahlungen zu entrichten. Dabei werden firmenspezifische und systematische Kreditrisiken unterschieden. Das firmenspezifische Risiko spiegelt das Ausfallrisiko infolge einer vom Kreditnehmer realisierten erfolglosen Investitionsmöglichkeit wider; während das systematische Risiko makroökonomische Zustände reflektiert, die alle Kreditnehmer betreffen. Die Bank kann durch den Einsatz von Ressourcen für die Produktion von Informationen über die Qualität des Kreditnehmers, zwar ungewisse, firmenspezifische Risiken identifizieren und teilweise reduzieren, bleibt jedoch den systematischen Risiken ausgesetzt.

Neben den Kreditrisiken bestehen beim Traditional Banking Zinsänderungsrisiken. Als Zinsänderungsrisiken bezeichnet man die Gefahren, die sich aus einer Änderung der Geld- und Kapitalmarktzinsen bei laufzeitinkongruent strukturiertem Aktiv- und Passivgeschäft ergeben. So ist es beispielsweise möglich, dass die Zinssätze für Einlagen steigen, während die Zinserlöse nicht oder nur in geringem Masse angehoben werden können, da langfristige Kredite zu einem niedrigeren Zins gewährt wurden. Dies verdeutlicht das Refinanzierungsrisiko für Banken, die langfristrige Aktiva mit kurzfristigen Passiva finanzieren. Sind die Aktiva kurzfristiger als die Passiva, beispielsweise bei der Finanzierung von zinsvariablen Krediten durch festverzinsliche Einlagen, so existiert ein Reinvestitionsrisiko; dieser Risikotyp ist dadurch charakterisiert, dass die zukünftigen Erträge der Aktiva geringer als die Kosten für die festverzinslichen Einlagen sind. Zinssatzänderungen verändern auch den Marktwert des Aktivums, der sich aus dem diskontierten Zukunftswert ergibt. Steigende Zinssätze führen über eine erhöhte Diskontierungsrate zu einer Verringerung des Marktwertes. Sind die Aktiva längerfristig strukturiert als die Passiva, dann fällt bei steigenden Zinssätzen der Marktwert der Aktiva stärker als der Wert der Passiva.

Wertminderungen bei den Vermögenspositionen können auch die Folge von Liquiditätsrisiken sein. Ziehen die Depositeninhaber unerwartet hohe Einlagenmengen kurzfristig ab, so kann der Fall eintreten, dass die Bank illiquide Aktiva zu Niedrigpreisen veräussern oder teuere Überbrückungskredite aufnehmen muss. In diesem Fall ist der Marktwert der Aktiva zwar ausreichend, aber die liquiden Reserven sind nicht hoch genug, um ohne Verluste der Einlagennachfrage nachkommen zu können.

Derartige Risiken des Traditional Bankings können zu Verlusten und damit zu der Gefahr einer Insolvenzsituation führen.

Eine Anpassung der Aktiva an die Eigenschaften der Passiva, beispielsweise bezüglich der Fälligkeiten, reduziert zwar das Insolvenzrisiko, aber begrenzt auch die komparativen Bankenvorteile. Die Banken besitzen daher Anreize, ihre Vorteile bei der Intermediation und Aktiva-Transformation zu nutzen, aber gleichzeitig die eben beschriebenen Risiken abzustossen. Diese Vorgehensweise spiegelt sich in der Entwicklung der angelsächsichen Bankenaktivitäten wider und wird als Nontraditional Banking bezeichnet.[42] Im Verlauf der letzten Dekade haben die traditionellen Bankaktivitäten in Relation zum Nontraditional

---

42 vgl. Mester 1992, S. 545

Banking, das die Securitization[43] und die An- und Verkäufe von Krediten umfasst, stark an Bedeutung verloren.[44] Empirische Untersuchungen belegen einen Anstieg der Kreditverkäufe[45] um das zehnfache innerhalb der Periode von 1983 bis 1988 in den USA.[46]

Die Konzepte des Nontraditional Bankings, die später im Detail vorgestellt werden, ermöglichen den Banken eine, über das Niveau des Traditional Bankings hinausgehende Aktiva-Transformation, die in Verbindung mit Bankgarantien zur Marktfähigkeit der ursprünglich illiquiden Bankkredite führen kann. Wie aufgezeigt wird eröffnet die Marktfähigkeit der Kredite den Banken die Möglichkeit die Aktiva an Nichtbanken zu veräussern und damit aus ihrer Bilanz zu entfernen. Dieser Sachverhalt wird als "off-balance-sheet" Banking bezeichnet. Die Bank kann sich auf ihre komparativen Vorteile bei der AktivaTransformation spezialisieren, gegen eine Gebühr bestimmte Risiken versichern und andere Risiken an den Erwerber des Aktivums weitergeben.

Auch das "off-balance-sheet" Banking kann jedoch für die Banken Risiken zur Folge haben. Kommt es zu Kreditausfällen, müssen die Banken im Falle von vergebenen Garantien mögliche Verluste kompensieren. Kreditrisiken können auf diese Weise auch beim "off-balance-sheet" Banking für die Bank zu einer Insolvenzsituation führen.

Unter bestimmten Voraussetzungen besitzen Banken die Flexibilität, selbst zu wählen, ob sie den Schwerpunkt ihrer Tätigkeitsbereiche auf das Traditional- oder das Nontraditional Banking legen. Diese Option ermöglicht den Banken die Anpassung ihrer Aktivitäten an die jeweiligen Kosten- und Risikosituationen.

Zur Darstellung diesbezüglicher Voraussetzungen und der Wechselbeziehungen zwischen Traditional - und Nontraditional Banking wird die formale Analyse von Kapitel A erweitert. Aufbauend auf der Ertragsfunktion der Kapitalgeber werden die Bausteine Ressourceneinsatz, Screening, Labelling und der Ein-

---

43 Securitization wird als Transformationsprozess von illiquiden in marktfähige Finanzaktiva verstanden. Auf die Securitization wird in Punkt 3.1 ausführlich eingegangen.
vgl. Greenbaum; Thakor 1987; S.2
vgl. Saunders 1994
44 vgl. Mester 1992, S.545
45 Lediglich durch den Verkauf der Kredite stellt sich die Bank vollständig risikofrei. Da der Bank nach der Veräußerung keinerlei Kreditrisiken und Monitoring-Verpflichtungen mehr obliegen.
vgl. Mester 1992, S.548
46 vgl. Mester 1992, S.545

flussfaktor ß in das Grundmodell eingebaut. Ziel ist es, die Wirkungen der bankenspezifischen Vorteile aufzuzeigen und deren Einfluss auf das Banking, die Bankaktivaqualitäten und die Insolvenzwahrscheinlichkeit zu dokumentieren.

1 Grundmodell

Die Erträge der Kapitalgeber auf "information intensive" Märkten berechnen sich analog zum Grundmodell als:

$$ek = a\,(1+ik) + (1-a)\,[p(1+ik)+(1-p)EF/(X-k)]$$
$$k=H,G \qquad (7)$$

Aus Sicht der Kapitalgeber wirkt sich eine Erhöhung der Kapitalnehmer vom Typ *a* -d.h. der Kapitalnehmer mit Investitionsprojekten vom Typ I1- folgendermassen aus:

$$\begin{aligned} dek/da &= (1+ik) - [p(1+ik)+(1-p)EF/(X-k)] \\ &= (1+ik)(1-p) + (1-p)EF/(X-k) \\ &= (1-p)\,[1 + ik + EF/(X-k)] > 0 \qquad (7)' \end{aligned}$$

da $p < 1$, $EF > 0$ (A) und $(X-k) > 0$.[47]

Der Ertrag der Kapitalgeber steigt also kontinuierlich mit zunehmendem Anteil der Kapitalnehmer vom Typ *a*. Dies rechtfertigt die Untersuchung, inwieweit ein steigender Einsatz an Ressourcen R für die Identifikation von Kapitalnehmern, den Anteil *a* und damit den Ertrag ek maximiert. Den Erträgen stehen die Kosten für den Ressourceneinsatz gegenüber. Für die Ermittlung des optimalen Ressourceneinsatzes sind jedoch einige Vorbemerkungen erforderlich.

---

47 Ist die erste Ableitung der Funktion größer Null, so ist dies ein hinreichendes Merkmal dafür, daß es sich um eine steigende Funktion handelt.

1.1 Vorbemerkung

Der Wert des Labelling L -d.h. der Identifizierung der sich in einem Pool befindenden Kapitalnehmer- liegt im Intervall [0,1]. Bei L=0 ist *a*=0 und damit kein Kunde identifiziert, es herrscht vollständige Ignoranz; bei L=1 sind alle guten Kapitalnehmer identifiziert, es liegt Informationssymmetrie vor. Dies bedeutet, dass bei steigendem L, der Anteil, der identifizierten guten Kapitalnehmer *a* zunimmt. Die beiden Grössen lassen sich also in einen linearen Zusammenhang setzen. Etwa:

$$xL = a \tag{16}$$

x definiert den Anteil im Pool der potentiellen Kapitalnehmer, der gute Kapitalnehmer darstellt. Gute Kapitalnehmer können identifiziert oder nicht identifiziert sein. Der Anteil der identifizierten guten Kapitalnehmer ist definitionsgemäss *a*, mit $0 \leq x \leq 1$.

Graphik 4: Der Anteil der "guten" Kapitalnehmer *a* in Abhängigkeit vom Labelling

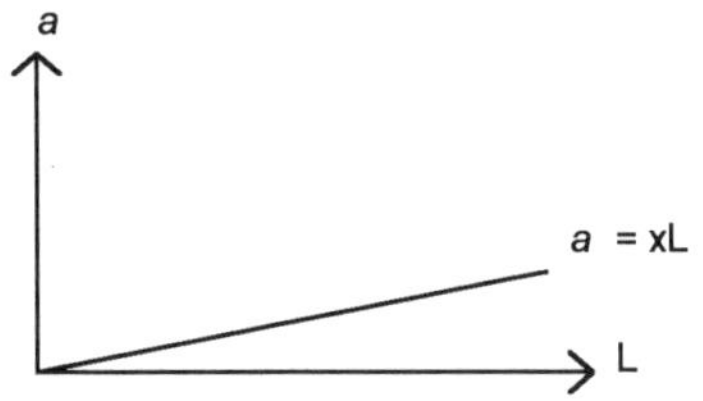

Zwischen dem Labelling L und dem informativen Ressourceneinsatz R besteht ein positiver Zusammenhang: L = f (R), mit df/dR > 0. Ein höherer Input R schafft ein höheres Niveau L, jedoch mit abnehmenden Zuwächsen. Eine denkbare Funktionsform mit den angegebenen Eigenschaften ist:

$R = L^q$ oder $L = \sqrt[q]{R}$ (17)

(q stellt einen Elastizitätsparameter dar)

Graphik 5: Ressourceneinsatz und Labelling

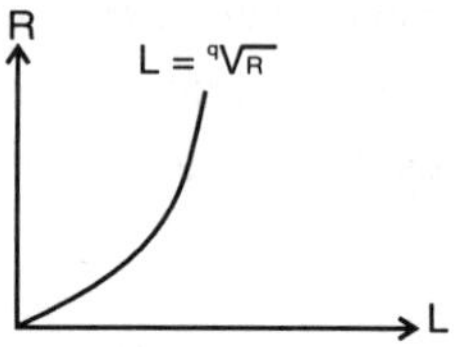

Die Kosten für den informativen Ressourceneinsatz R, nachfolgend als Screeningkosten bezeichnet, verhalten sich wie folgt: Je mehr Ressourceneinsatz, desto höher sind die Screeningkosten. Dies lässt sich als linearer Zusammenhang darstellen:

$SC = w\,R$ (18)

Graphik 6: Screeningkosten und Ressourceneinsatz

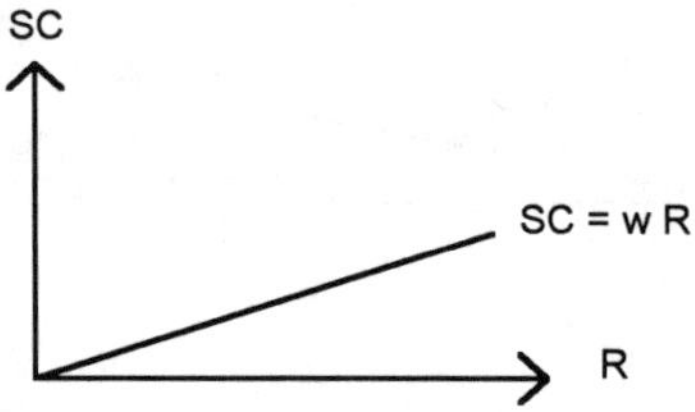

Dabei beschreibt w die Steigung der Screeningkosten, mit $w > 0$.

1.2 Optimaler Ressourceneinsatz

Als Grundlage für die Berechnung des optimalen Ressourceneinsatzes wird die Ertragsfunktion (7) der Kapitalgeber umgeformt:

$$
\begin{aligned}
ek &= a\,(1+ik) + (1-a)\,[p(1+ik) + (1-p)\,EF/(X-k)] \\
&\quad \text{mit } [p(1+ik) + (1-p)\,EF/(X-k)] \Rightarrow A \\
&= a\,(1+ik) + (1-a)\,A \\
&= a\,(1+ik) + A - aA \\
&= a\,(1+ik) - aA + A \\
&= a\,[(1+ik) - A] + A \\
&= a\,[(1+ik) - p(1+ik) - (1-p)EF/(X-k)] + A \\
&= a\,[(1+ik)\,(1-p) - (1-p)EF/(X-k)] + A \\
&= a\,(1-p)\,[1 + ik - EF/(X-k)] + A && (7)^*
\end{aligned}
$$

Aus den Gleichungen (16) $a = x\,L$ und (17) $L = \sqrt[q]{R}$ lässt sich eine Relation zwischen a und dem Ressourceneinsatz R herleiten:

$$a/x = \sqrt[q]{R}$$

$$a = x\,\sqrt[q]{R} \qquad (19)$$

Daraus folgt:

$$a' = (x/q)(R^{(1/q)-1}) > 0 \qquad (19)'$$

$$a'' = x(1/q^2 - 1/q)(R^{(1/q)-2}) < 0 \qquad (19)''$$

Wird a in (7)* durch xL ersetzt, mit L=f(R), so erhält man den Überschuss G als positive Differenz zwischen Screeningertrag -der Erhöhung der Ertragsrate durch einen erhöhten R-Einsatzes- und den Screeningkosten:

Überschuss G = Screeningertrag - Screeningkosten

$$G = x\,f(R)\,(1-p)[1+ik-EF/(X-k)] + A - w\,R \qquad (20)$$

Die Optimalbedingungen lauten:

$$G' = x\, f'(R)\ (1-p)[1+ik-EF/(X-k)]-w = 0 \qquad (20)'$$

$$G'' = x\, f''(R)\ (1-p)[1+ik-EF/(X-k)] < 0 \qquad (20)''$$

Unter der speziellen Annahme (17) erhält man nach (19) den Überschuss:

$$G = x \sqrt[q]{R}\ (1-p)[1+ik-EF/(X-k)] + A - w\, R \qquad (20)$$

mit den Optimalbedingungen:

$$G' = (x/q)(R^{(1/q)-1})(1-p)[1+ik-EF/(X-k)]-w = 0 \qquad (20)'$$

$$G'' = x(1/q^2-1/q)\ (R^{(1/q)-2})(1-p)[1+ik-EF/(X-k)] < 0 \qquad (20)''$$

$G'' < 0$, da:
$x\ (1/q^2-1/q) < 0$
$(1-p) > 0$
$EF/(X-k) < 1+ik$ nach ©

Der informative Ressourceneinsatz der Kapitalgeber ist an dem Punkt optimiert, an dem der Überschuss Null ist. Der Grenzertrag aus einem vermehrten Einsatz von R entspricht an diesem Punkt den Grenzkosten:[48]

48 Ein Beispiel für die Berechnung des optimalen Ressourceneinsatzes befindet sich im Anhang

Graphik 7: Überschuss

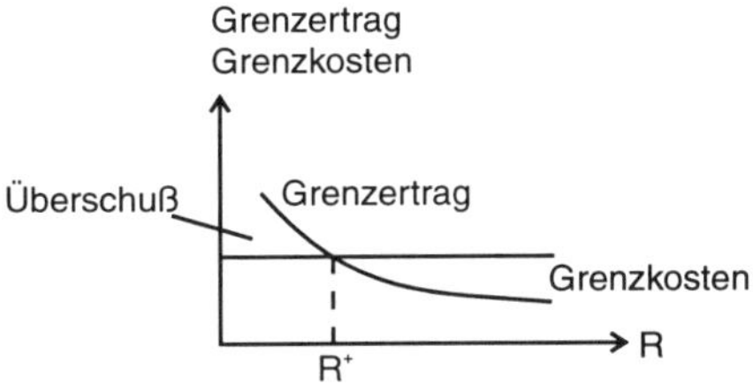

Nachfolgend wird untersucht, wie sich Kostenunterschiede, die sich im Einflussfaktor ß widerspiegeln, auf den optimalen Ressourceneinsatz auswirken.

1.3 Optimaler Ressourceneinsatz in Zusammenwirkung mit dem Einflussfaktor ß

Der Einflussfaktor ß wirkt sich auf die Steigung w der linearen Kostenfunktion aus und führt zu der neuen Kostenfunktion (18)*:

$$SC = ß\, w\, R \qquad (18)^*$$

Für ß lassen sich zwei Fälle unterscheiden.

1. Fall ß+ mit: $0 < ß < 1$
Die Steigung der Kostenfunktion wird kleiner, was einer Kostensenkung gegenüber dem ursprünglichen Fall ß=1 entspricht. Die Kostenfunktion wird im positiven Uhrzeigersinn gedreht.

2. Fall ß- mit: $ß > 1$
Die Steigung der Kostenfunktion wird grösser, was einer Kostenerhöhung gegenüber dem ursprünglichen Fall ß=1 entspricht. Die Kostenfunktion wird im negativen Uhrzeigersinn gedreht.

Durch einsetzen der neuen Kostenfunktion (18)* in G ergibt sich G*:

$G^{*} = x\ {}^{q}V^{\neg}R\ (1-p)[1+ik-EF/(X-k)]+A-ß\ w\ R$
(20)*

Der Überschuss G* hängt von den Grössen R und ß ab. Die Optimalbedingungen lauten:

$$G^{*\prime} = (x/q)(R^{(1/q)-1})(1-p)[1+ik-EF/(X-k)]-ßw = 0 \qquad (20)^{*\prime}$$

$$G^{\prime\prime} = x(1/q^2-1/q)(R^{(1/q)-2})(1-p)[1+ik-EF/(X-k)] < 0 \qquad (20)''$$

$G^{\prime\prime} < 0$, da:
$x\ (1/q^2-1/q) < 0$
$(1-p) > 0$
$EF/(X-k) < 1+ik$ nach (C)

Die Wirkung des Einflussfaktors ß auf die Höhe des optimalen Ressourceneinsatzes wird mittels der komparativen Statik untersucht:

$dR/dß=$
$= x((1/q^2)-(1/q))(R^{(1/q)-2})(1-p)[1+ik-EF/(X-k)]/\ w$
d.h. $dR/dß < 0$ (21)

da $(1/q^2)-(1/q) < 0$
$(R^{(1/q)-2}) > 0$
$[1+ik-EF/(X-k)] > 0$
$w > 0$

Das Wesentliche an diesem Ergebnis lässt sich wie folgt zusammenfassen: Bei einem steigenden Wert für ß (d.h. $ß>1 = ß^-$) sinkt der optimale Ressourceneinsatz R; bei einem sinkenden Wert für ß (d.h. $0<ß<1 = ß^+$) steigt der optimale Ressourceneinsatz R. Die Veränderung des Einflussfaktors ß beeinflusst über R gleichzeitig den Überschuss. Durch $dR/dß < 0$ (21) und *a* = $x\ {}^{q}V^{\neg}R$ (19) kommt es bei $ß^+$ zur Steigerung und bei $ß^-$ zur Senkung des Überschuss.

Die Zusammenhänge zwischen ß, R und der Höhe des Überschusses lassen sich graphisch folgendermassen darstellen:

Graphik 8: Ressourceneinsatz, Überschuss und der Einflussfaktor ß

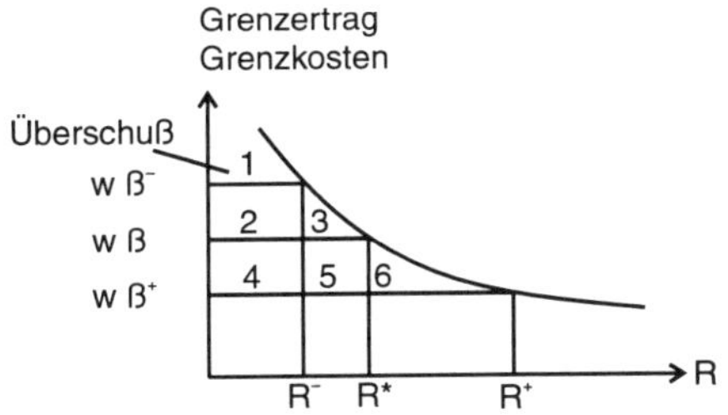

Einer Veränderung von ß wirkt sich auf den Überschuss und auf den optimalen Ressourceneinsatz aus:

1. Fall 0 < ß$^{+}$ < 1 daraus folgt $R^{+} > R^{*}$
2. Fall ß$^{-}$ > 1 daraus folgt $R^{-} < R^{*}$

Im Fall 1: 0 < ß$^{+}$ < 1 wird der Überschuss infolge sinkender Screeningkosten erhöht und der optimale Einsatz von Ressourcen steigt von R^{*} auf R^{+}. Wie die Graphik 8 verdeutlicht, kommt es bei ß$^{+}$ auch bei konstantem Ressourceneinsatz zur Steigerung des Überschusses, um die Flächen 4 und 5. Um jedoch den maximalen Überschuss zu erzielen, müsste die Bank den Ressourceneinsatz auf R^{+} erhöhen.

Im Fall 2: ß$^{-}$ > 1 sinkt der optimale Einsatz von Ressourcen aufgrund steigender Screeningkosten von R auf R^{-}.

Die Einflussfaktoren ß$^{+}$, ß$^{-}$ wirken sich gemäss der Zusammenhänge:

dR/dß < 0 (21)

$a = x\, {}^{q}V^{\neg}R$ (19)

$xL = a$ (16)

im selben Sinn auf das Labelling aus. Die Erhöhung des Überschuss durch ß+ -d.h. durch sinkende Screeningkosten- entspricht, wie in der nachfolgenden Graphik aufgezeigt, einer Erhöhung des Labelling.

Graphik 9: Optimaler Ressourceneinsatz, Labelling und der Einflussfaktor ß

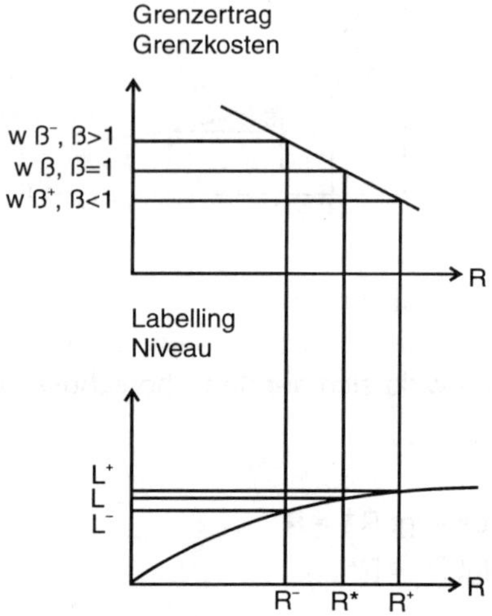

Die Kostenvorteile spiegeln sich in dem Einflussfaktor ß+ und damit in einer Zunahme des Überschusses wider. Dies lässt sich entweder durch sinkende Screeningkosten oder bei konstanten Screeningkosten durch eine Erhöhung des Screeningertrages erklären. Die Zunahme des Screeningertrages ist wiederum auf einen erhöhten Anteil von identifizierten guten Kreditnehmern *a* und damit auf ein steigendes Labelling-Niveau zurückzuführen. Wie in den folgenden Abschnitten dargestellt wird ist genau dieses erhöhte Labelling-Niveau -infolge der komparativen Kostenvorteile beim Traditional Banking- die Voraussetzung für die Realisierung des Nontraditional Banking.

2 Traditional Banking

Das Traditional Banking ist durch eine starke Verknüpfung der Aktiv- mit der Passivseite der Bankbilanz charakterisiert. Dieser Sachverhalt wird als "balance sheet"-Banking bezeichnet. Der Schwerpunkt dieses "balance sheet"-Bankings liegt in der Wahrnehmung der Transformationsfunktion von Losgrössen, Fristen und Risiken.[49]

Losgrössen- und Fristentransformationen sowie die Diversifizierung von identifizierten und bis zu deren Marktfähigkeit verarbeiteten Risiken bieten jedoch keinen Erklärungsansatz für die Dominanz von Bankkrediten gegenüber anderen Finanztiteln:[50] Andere Institute[51] und Finanzierungsmöglichkeiten, wie zum Beispiel "money market funds" (MMF), ermöglichen ebenfalls Risikodiversifizierungen, Losgrössen- und Fristentransformationen. Bei Informationssymmetrie besitzen diese Institute, aufgrund der Regulierung des Bankensystemes, Kosten- und damit Wettbewerbsvorteile.[52]

Auf "information intensive" Märkten sind derartige Finanzierungsformen jedoch nicht konkurrenzfähig. Die Ursachen hierfür, d.h. die komparativen Vorteile von Banken bei der Produktion und Verarbeitung von Informationen und damit bei der Identifikation und dem Umgang mit Risiken -bis zu deren Marktfähigkeit-, werden in den folgenden Punkten aufgezeigt.

2.1 Screening versus Pooling

Der Einsatz von Ressourcen für das Labelling von Kreditnehmern wird als Screening bezeichnet. Für gute Kreditnehmer bedeutet die Identifikation ihrer Qualität sinkende Finanzierungskosten, da sie dem Pooling mit schlechten

49 vgl. Greenbaum 1990

50 vgl. Mayer 1990, S.310ff

51 Brokerfirmen und sogar Kaufhäuser (Sears, Roebuck & Company), vgl. Gabler Bank Lexikon, S.1539f

52 Der MMF ist ein Fond, der in sehr liquide, wenig riskante, kurzfristige Wertpapiere (Einlagenzertifikate) investiert und Transaktionsleistungen wie "limited checking" bietet. Unter der Berücksichtigung von Regulierungen haben diese sogar Vorteile bei der Senkung von Transaktionskosten gegenüber den Banken.
vgl. Pennacchi 1988
vgl. Gorton 1989

Kreditnehmern und damit der Durchschnittspreisbildung entgehen.[53] Den Banken ermöglicht das Labelling Ertragssteigerungen, durch die Erhöhung des Anteiles identifizierter guter Kreditnehmer -(7)*-.
Die Höhe des Ressourceneinsatzes für das Screening ist für die Banken eine Variable. Die Variable wird als R bezeichnet. Banken sind solange bereit Ressourcen in das Screening zu investieren (R > 0), wie sie einen positiven Ertrag aus dem Screening realisieren. Die positive Differenz zwischen Ertragssteigerung und Screeningkosten wird als Überschuss bezeichnet.[54] Der Ressourceneinsatz ist an dem Punkt optimiert, an dem der Überschuss Null ist. Dieser Punkt ist dynamisch, da der für die Realisierung eines bestimmten Labelling-Niveaus erforderliche Einsatz von Ressourcen aufgrund von Einflussfaktoren variiert. In der formalen Analyse spiegeln sich diese Einflussfaktoren in ß wider.
In der graphischen Darstellung wird in Quadrant I die Abhängigkeit des Labelling von den Einflussfaktoren dargestellt. Dabei wird zunächst von einem konstanten Ressourceneinsatz R* für das Screening ausgegangen. Einflussfaktoren, welche die Screeningkosten senken, führen zu einer Drehung der Funktion L = f(R) im Uhrzeigersinn und damit zur Steigerung der Labelling-Intensität bei konstantem Ressourceneinsatz R*. Derartige positive Einflussfaktoren, die zu sinkenden Screeningkosten führen, werden analog zur formalen Analyse durch ein $ß^+$ ausgedrückt. Faktoren, die zu einer Erhöhung der Screeningkosten -$ß^-$- führen, spiegeln sich in einer Drehung der Funktion entgegen dem Uhrzeigersinn wider.

Graphik 10: Quadrant I; (R,L,ß)

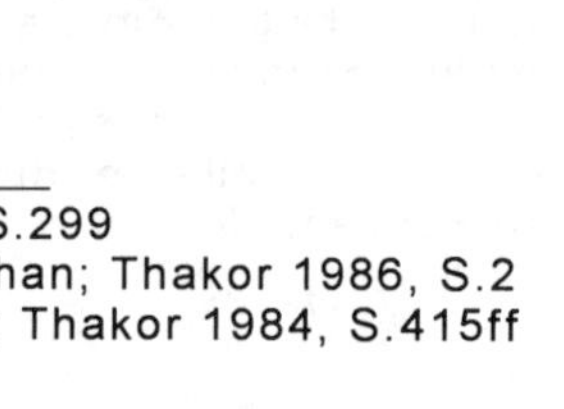

53 vgl. Stiglitz 1975, S.299
54 vgl. Greenbaum; Chan; Thakor 1986, S.2
vgl. Ramakrishnan; Thakor 1984, S.415ff

In den nächsten Abschnitten werden die Kostenvorteile der Banken, die aus der Subsumierung der folgenden Aspekte resultieren, beim Screening von potentiellen Kapitalnehmern aufgezeigt.

2.1.1 Bank-Kunden-Beziehung

Die Kostenvorteile beim Screening aufgrund der Bank-Kunden-Beziehung (BKB) resultieren daraus, dass Banken ihre Kunden im Vorfeld von Kreditvergaben genauer als andere Wettbewerber kennen und kennenlernen. Dies wird anhand einer Kreditvergabeentscheidung verdeutlicht.[55] Die Identifizierung von Kreditnehmerqualitäten wird von Banken in mehrere Schritte unterteilt: Um einen einführenden Überblick über die Haftungsverhältnisse zu erhalten, wird zunächst die Rechtsform des Unternehmens und die Person des Unternehmers geprüft und beurteilt. Ist der Kreditnehmer bereits als Einleger bekannt, besitzt die Bank Informationen über die Rechtsform, den Güterstand des Kreditnehmers und aufgrund der Kundennähe zumeist auch Informationen über die charakterlichen, fachlichen und kaufmännischen Eigenschaften. Konto- und Depotverläufe vergangener Jahre komplettieren den "ersten Eindruck". Erst auf der Basis dieser Grobidentifizierung entscheidet die Bank über die Höhe der Ressourcen R, die in die Prüfung der Kreditfähigkeit potentieller Kreditnehmer investiert werden.

Zur Beurteilung der Kreditfähigkeit wird die finanzielle und wirtschaftliche Lage des Kreditnehmers untersucht. Ein wichtiges Instrument für eine Bonitätsanalyse ist die Bilanzauswertung in Verbindung mit Rückfragen beim Kreditnehmer. Die Bilanzauswertung kann durch eine Dynamisierung und durch einen Branchenvergleich komplettiert werden.[56]

---

55 vgl. Hoff 1984
vgl. Fama 1985
vgl. Sharpe 1990
vgl. Pecchenino 1988

56 Die aussagefähigste Kennziffer aus der Menge der bei der Bilanzauswertung gewonnenen Liquiditätskennzahlen ist der "erweiterte cash flow". Dieser drückt die aus der Umsatztätigkeit freigesetzten Mittel, die für Kreditdienst, Investitionen und Privatentnahmen zur Verfügung stehen, prozentual zum Umsatz aus und läßt so die Selbstfinanzierungs- und Ertragskraft des Unternehmens erkennen.
vgl. Hoff 1984, S.3ff

Die Prognose der Unternehmensentwicklung und der finanziellen Belastbarkeit erfolgt anhand der Übertragung der Ergebnisse der Bilanzauswertung auf Finanzplanungssysteme.[57] Auch die Markt- und Branchenverhältnisse werden berücksichtigt, d.h. die Abhängigkeit des potentiellen Kreditnehmers von der gesamtwirtschaftlichen Entwicklung, sowie der Branchen- und Konkurrenzsituation. Für diese Informationen verfügt das Bankensystem über Kammern, Verbände und Branchen-Computer.[58]
Aus standardisierten Planungssystemen werden von der Bank Kreditart, Laufzeit und Kollateralerfordernisse abgeleitet.[59] Der Kreditvergabeprozess verdeutlicht, dass gute Unternehmen infolge ihrer von der Durchschnittspreisbildung abweichenden Finanzierungsbedingungen an die Bank gebunden werden. [60]
Wie anhand von Bankkontrakten und dem Nontraditional Banking verdeutlicht werden wird, ist die aus der Bank-Kunden-Beziehung resultierende Grobidentifizierung der Ausgangspunkt für den systematischen Ausbau der komparativen Informations- und Kostenvorteile von Banken.

2.1.2 Reusability

Neben der BKB ist die Wiederverwendbarkeit von Informationen ein wichtiger Einflussfaktor auf den Überschuss und damit auf die Höhe des optimalen Ressourceneinsatzes. Die Reusability senkt die Screeningkosten der Bank, was auch als steigender Überschuss bei konstantem Ressourceneinsatz R* interpretiert werden kann. Der Kostenvorteil der Banken resultiert aus der an die Kreditvergabeentscheidungen geknüpften Maklertätigkeit und lässt sich an einem Beispiel verdeutlichen: Einhundert Kapitalnehmer und einhundert Kapitalgeber suchen geeignete Geschäftspartner (z=100). Die Fixkosten für die Qualitätsanalyse eines Partners seien zehn DM (c=10). Ohne die Existenz ei-

57 Bspw. Kurzprüfungen von Finanzierungskonzepten
58 vgl. Hoff 1984, S.12
59 vgl. Mayer 1990, S.307-330
60 Dieser Sachverhalt wird auch als "informationally captured" bezeichnet.
vgl. Sharpe 1990, S.1070
vgl. Shipley 1993

nes Maklers sind die Gesamtkosten der Informationssymmetrie cz^2 (100 000 DM). Die Kosten der Informationssymmetrie bei Existenz einer Bank betragen dagegen 2cz (2000 DM); unter der Annahme, dass die Fixkosten (c) der Bank ebenfalls zehn DM sind. Die Ersparnis durch die Existenz der Bank ist in diesem Beispiel 98 000 DM. Dabei macht die Bank nichts anderes, als die Wiederverwendbarkeit einmaliger Qualitätsanalysen zu nutzen. Dieses Beispiel bezieht sich nur auf eine Periode. In der Realität ist der Nutzen der Reusability grösser, da die Bank einen Teil ihrer Informationen auf die Folgeperioden übertragen kann: In der zweiten Periode sei z wieder 100, von diesen 100 kennt die Bank schon 20 Prozent, d.h. die Kosten sind nur noch 2(c*0.8z), d.h. (2* 10 * 80 = 1600). Aufgrund dieser Kostenvorteile wird die Wiederverwendbarkeit von Informationen auch als "hidden activa" erachtet.

Neben der Reusability existiert auch eine "cross sectional" Übertragbarkeit von Informationen. Diese Übertragbarkeit von Informationen innerhalb von Branchen kann für Banken ebenfalls zu Einsparungen bei den Screening-kosten führen, wenn diese sich auf einzelne Branchen konzentrieren.[61]

Im Gegensatz zur Reusability ist die "cross sectional reusability" unabhängig von der zukünftigen Zahlungssituation der Kreditnehmer, da die Ressourceneinsparungen auf der Wiederverwendbarkeit branchenspezifischer Informationen basieren. Im Sinne der "cross sectional" Wiederverwendbarkeit von Informationen ist die Reduzierung der Screeningkosten durch die Spezialisierung von Banken auf bestimmte Risikoklassen interpretierbar ("certain risk classes of loans").[62]

Die Möglichkeit Qualitätsinformationen wiederzuverwenden oder auf andere Kreditnehmer der gleichen Branche oder Risikoklasse zu übertragen ("cross sectional reusability"; "certain risk classes"), entspricht einer Senkung der Screeningkosten.

Durch Verbesserungen bei der BKB und/oder dem Ausbau der Wiederverwendbarkeit von Informationen kann die Bank diese Vorteile ausbauen. Eine hohe Fluktuation im Kundenstamm von Banken wird dagegen zu einer Senkung der Reusability führen, was sich im Modell durch eine Drehung von ß nach $ß^-$ ausdrückt.

---

61 vgl. Greenbaum 1990, S.19
62 vgl. Pennacchi 1988

2.1.3 Durability

Identifizierte Kreditnehmerqualitäten können sich im Zeitverlauf ändern. Die Rückzahlungswahrscheinlichkeit eines Kreditnehmers, der nach der ersten Periode der Kreditvergabe seinen Zahlungsverpflichtungen nachkommt, kann in den Folgeperioden sinken. Eine im Zeitverlauf konstante Kreditnehmerqualität wird als "durability" (Durability) von Informationen bezeichnet. Ein Anstieg der Durability besagt, dass der Anteil der Kreditnehmer, die in den ersten und in den folgenden Perioden gleiches Zahlungsverhalten offenbaren, steigt. Dies bedeutet für Banken eine steigende Wiederverwendbarkeit von bereits vorhandenen Informationen und damit über eine Senkung der Screeningkosten eine Erhöhung des Überschusses.

Die Höhe der Durability ist auch von der gesamtwirtschaftlichen Situation abhängig. Konjunkturschwankungen können die zahlungsrelevanten Eigenschaften der Kreditnehmer beeinflussen und so die Zuverlässigkeit und Reusability von Informationen reduzieren. Sinkt die Durability, kommt es zur Drehung von der Funktion $L = f(R,ß)$ in Richtung $L = f(R,ß^-)$.

Eine Erhöhung der Durability von Informationen erhöht bei konstantem Ressourceneinsatz R* den Überschuss bzw. senkt die Screeningkosten. Die Funktion $L = f(R,ß)$ dreht sich nach $L = f(R,ß^+)$. Die Durability verdeutlicht die Wirkung externer Einflüsse auf die komparativen Vorteile der Banken.

2.2 Delegated Monitoring

Neben der Adversen Selektion hat das Kapitel A den Problemtyp des Moral Hazard verdeutlicht. Ohne Banken sind für die einzelnen Kapitalgeber die Kosten für ein Monitoring der Aktivitäten der Kapitalnehmer sehr hoch, wenn nicht prohibitiv. Zudem ist der einzelne Kapitalgeber aufgrund der "free rider" Problematik nicht bereit, die Kosten für das Monitoring alleine zu übernehmen.[63]

Mit der Aufnahme von Einlagen und deren Transformation in Kredite wird das Monitoring der Kreditnehmer von den Einlegern an die Bank delegiert. Wie nachfolgend aufgezeigt wird, werden durch das Delegated Monitoring die Ko-

63 vgl. Hubbard 1991, Capter 9

sten, der zur Eliminierung der Moral Hazard Probleme erforderlichen Informationsproduktion, gesenkt. Dies gilt auch für den Idealfall eines Kapitalgeber-Kapitalnehmer Monitorings, bei dem "monitoring duplications" und "free rider" Probleme ausgeschlossen werden.[64]

Die Kosten des Monitoring hängen von drei Faktoren ab: Den Kosten für das Monitoring jedes einzelnen Kreditnehmers; der Grösse des Intermediäres und der Definition der Zustände, bei denen ein Monitoring notwendig ist.[65]

Aufgrund der Übertragbarkeit der anhand der Bank-Kunden-Beziehung und der beim Kreditvergabeprozess ("originating") produzierten Informationen für das Monitoring realisieren die Banken Kosteneinsparungen: Es bestehen "economies of scope" zwischen der Kreditvergabe und dem Monitoring, die einer Senkung der für das Monitoring erforderlichen Kosten entsprechen, d.h. einen komparativen Bankenvorteil darstellen.[66]

Neben dieser "Weiterverwendbarkeit" ist auch beim Monitoring von einer "cross sectional reusability" von Informationen auszugehen. Eine Erhöhung der Portfoliogrösse führt so zu steigenden Skalenerträgen beim Monitoring.[67]

Aufgrund von "economies of scope" und steigenden Skalenerträgen kommt es durch das Delegated Monitoring zu Kostenvorteilen, die mit der Zunahme der Portfoliogrösse steigen.[68]

Die Definitionen der Zustände, bei denen ein Monitoring erforderlich ist, beziehen sich auf Modellannahmen, die entweder ein Monitoring sofort mit der Vergabe des Kredites implizieren[69] oder erst bei Zahlungsunfähigkeit des Kreditnehmers.[70] Die unterschiedlichen Annahmen beeinflussen die absolute

---

64 Das Eintreten dieses Idealfalles ist so unwahrscheinlich, daß in den meisten Modellen die Dominanz des "delegated monitoring" schon aufgrund der Kostenvervielfachung und der "free rider" Problematik manifestiert wird.
vgl. Diamond 1984, S.393
vgl. Ramakrishnan; Thakor 1984, S.416

65 vgl. Krasa; Villamil 1992

66 vgl. Leland; Pyle 1977
vgl. Diamond 1984
vgl. Mester 1992

67 vgl. Mester 1992, S.560

68 vgl. Diamond 1984
vgl. Williamson 1986, S.159
vgl. Krasa; Villamil 1992, S.202ff
vgl. Mester 1992

69 vgl. Diamond 1984

70 vgl. Williamson 1986

Höhe der Monitoringkosten, aber nicht die Dominanz des Delegated Monitoring gegenüber einem direkten Kapitalgeber-Kapitalnehmer Monitoring.
In der formalen Analyse drücken sich die "economies of scope" und die steigenden Skalenerträge durch $ß^{+}$ aus. In der graphischen Analyse durch eine Drehung von L = f(R,ß) nach L = f(R,$ß^{+}$).

2.3 Bankkontrakte

Die Kostenvorteile bei der direkten Informationsbeschaffung der Banken werden durch die Vorteile von Bankkontrakten gegenüber anderen Kontraktlösungen ausgebaut. Bankkontrakte können als Fortführung der Labelling- und Monitoringvorteile erachtet werden. Infolge der Informationsvorteile, d.h. des erreichten Labelling-Niveaus können Bankkontrakte kundenspezifischer ("custom tailored") als andere Kontraktformen angeboten werden. Dies gilt für an die Kreditvergabe gebundene direkte Beschränkungen der Kreditnehmeraktivitäten, für Sicherheitserfordernisse und für Anreizkontrakte.[71]
Werden beispielsweise vorhandene Sicherheiten nur einem Kreditgeber zugeteilt, so bleibt der Kreditgeber durch die Überwachung der Sicherheiten informiert über die Situation des Kreditnehmers und kann, um dem Verlust seiner Aktiva vorzubeugen, rechtzeitig ein Konkursverfahren einleiten.[72]
Auch das direkte Monitoring der Kreditnehmer kann durch Bankkontrakte substituiert werden. In Verbindung mit der Bank-Kunden-Beziehung können Kontrakte konzipiert werden, die anstelle des direkten Monitorings nur noch die Beobachtung der für die Bankansprüche relevanten Erträge erfordern.[73]
Die aufgezeigten komparativen Kostenvorteile der Banken beim Traditional Banking drücken sich in der formalen Analyse durch den Einflussfaktor ß+ aus. Der Einflussfaktor ß+ spiegelt sich in einer Erhöhung des Labelling-Niveaus wider. Dieses erhöhte Labelling-Niveau ermöglicht das Design von Kontrakten, die auch bei nicht verfügbaren Sicherheiten eine Selbstselektion der Kreditnehmer ermöglichen. Diesbezügliche Kontraktdesigns sind für das Nontraditional Banking von zentraler Bedeutung.

71 vgl. Hubbard 1991, Chapter 11, S.14
72 vgl. Kanatas 1992, S.381-383
73 vgl. Haubrich 1989

3 Nontraditional Banking

Ziel des Nontraditional Bankings ist es, durch Kontraktdesigns die komparativen Bankenvorteile weiter auszubauen und die beim Traditional Banking beschriebenen Gefahren der Insolvenz- und Illiquiditätssituation zu reduzieren.
Ein typischer Kontrakt, der zur Identifizierung von Kreditnehmerqualitäten verwendet wird, ist der Signalkontrakt. Unter der Annahme, dass nicht nur der Zins, sondern auch das Kreditvolumen und die Sicherheiten variierbar sind, kann dem Kreditnehmer eine Vielzahl von Kontrakten mit unterschiedlichen Konstellationen von Zins und Kreditvolumen oder Zins und Sicherheiten angeboten werden. Durch die Auswahl eines Kontraktes signalisiert der Kreditnehmer vor der Kreditvergabe seine Qualität. In der Realität ist jedoch die Vielzahl der Kontraktkonstellationen zumeist durch fixe Kreditvolumina und nicht verfügbare Sicherheiten beschränkt.
Das Nontraditional Banking ermöglicht den Banken trotz nicht verfügbarer Sicherheiten und fixer Kreditvolumina Signalkontrakte zu erstellen. Die Vorgehensweise wird in den folgenden Abschnitten beschrieben.[74]

3.1 Securitization versus Adverse Selektion

Mittels der Securitization, d.h. des Transformationsprozesses von ursprünglich illiquiden Krediten in marktfähige Aktiva, zielen Banken sowohl auf eine Senkung der Informations- als auch auf eine Senkung der Finanzierungskosten. Die Senkung der Informationskosten durch eine Selbstselektion der Kreditnehmer steht zunächst im Mittelpunkt der Betrachtung.
In dem von Greenbaum vorgeschlagenen konkreten Fall wird ein Signalkontrakt mit den beiden Elementen Zinsvorschuss und Restzins beschrieben. Der Zinsvorschuss wird als Prämie bezeichnet. Die Voraussetzung für einen derartigen Signalkontrakt ist ein ausreichend hohes apriori Niveau an Informationen,

74 vgl. Pennacchi 1988
vgl. Greenbaum 1990, S.23
vgl. Mester 1992

d.h. ein ausreichendes Labelling-Niveau. Auf dieser Grobklassifikation aufbauend erhalten die Kreditnehmer genau einen klassenspezifischen Kontrakt mit der Möglichkeit, den Kredit oder einen Kreditteil bei der Bank gegen Zahlung einer Prämie zu versichern. Im Gegenzug garantiert die Bank die Rückzahlung des Kredits -oder des Teilkredits- im Falle eines Kreditausfalles. Die Prämie ermöglicht der Bank die Kosten für die Kreditversicherung zu decken und ist einerseits abhängig von der Qualität der Klasse und andererseits von der Höhe des Anteils, den der Kreditnehmer versichern will.
Als Gegenleistung für die am Periodenanfang zu zahlende Prämie wird der vom Kreditnehmer am Periodenende zu zahlende Restzins überproportional reduziert. Bei einer vollständigen Kreditversicherung entspricht der Restzins dem Zinssatz für risikolose Finanztitel. Als Beispiel werden vereinfachend die zwei folgenden Zinskombinationen angenommen.

Kombination	Prämie	Restzins
A	0%	18%
B	8%	5%

Die Tabelle zeigt die Kombinationen A und B, die im Signalkontrakt für die Kreditnehmer einer Klasse offeriert werden. Bei A zahlt der potentielle Kreditnehmer insgesamt 18% und bei B nur 13%. Wir nehmen an, es existieren genau zwei Typen von Kreditnachfragern, die aufgrund des Bank-Labellings in diese Klasse eingeordnet wurden. Der erste Typ I1 hat ein -für diese Klasse- relativ risikoarmes Investitionsprojekt, der zweite Typ I2 ein relativ risikoreiches Investitionsprojekt. Die Bank kann die Typenzugehörigkeit -ohne einen erheblichen Ressourcenaufwand- nicht genauer bestimmen, die Nachfrager sind also nicht vollständig identifizierbar. Daher sollen die beiden Typen durch Selbstselektion getrennt werden. Die Prämien-Restzins Kombinationen dienen dieser Idee. Die Frage lautet jetzt, welcher Typ wählt welche Kombination?
Die Kreditnehmer mit risikoreichen Invesitionsmöglichkeiten lehnen systematisch das Angebot zur Versicherung ihres Kredites ab, da ihr Nutzen durch den reduzierten Restzins infolge ihrer geringen Rückzahlungswahrscheinlichkeit kleiner ist, als die durch die Prämie verursachten Kosten. Durch die Auswahl der Kombination A haben sie sich als "lemons" offenbart. Im vorliegenden Ansatz ist es für die Bank und den Kreditnehmer aber dennoch vorteilhaft, einen Kreditkontrakt abzuschliessen. Die Bank wird diese Kredite wie beim Traditio-

nal Banking durch Einlagen finanzieren, da es sich für die Bank nicht lohnt, diese weiter zu identifizieren.
Für gute Kreditnehmer übersteigt bei Kombination B der Nutzen eines reduzierten Restzinses die Kosten der Prämie; es kommt zu einer positiven Selektion. Gute Kredite können verbrieft und verkauft werden. Gute Kreditnehmer erhalten infolge der Verbriefung oder Securitization ihrer Kredite wesentlich bessere Kreditzinsen, da die Höhe der Kreditversicherung ihre Qualität signalisiert und die Kosten des Monitoring für den Investor, für den nur die Garantie der Bank relevant ist, entfallen.
Die Versicherungshöhe, die der Kreditnehmer wählt, signalisiert seine unbeobachtbare Qualität. Diese Quantifizierung des Risikos ist die Voraussetzung für die symmetrische Risikokenntnis und für die Marktfähigkeit der Bankkredite: Die Höhe des Versicherungsschutzes ist für Investoren ein glaubwürdiges Signal. Die Investoren finanzieren den Kredit nun direkt durch den Kauf des Aktivums und nicht wie ursprünglich indirekt durch Depositen.
Die Funktionsfähigkeit dieser Signalkontrakte wird durch zwei zentrale Bedingungen gewährleistet:
Erstens sind aufgrund des Labelling-Niveaus die Prämien risikobezogen. D.h. die Kreditnehmer, die sich in einer Klasse mit guter Qualität befinden, müssen aufgrund ihrer Identifikation eine geringere Prämie zahlen, als die Kreditnehmer, die in eine schlechtere Klasse eingestuft wurden.
Zweitens hat ein niedriger Kreditzins für gute Kreditnehmer einen grösseren Wert als für "lemon" Kreditnehmer; dies folgt aus der Tatsache, dass die Kreditnehmer Restzins und Tilgung nur bei Erfolg ihres Investitionsprojektes zahlen.

Der relative Vorteil eines reduzierten Kreditzinses für gute Kreditnehmer, lässt sich als umgekehrter Fall zu der in Kapitel A dargestellten Negativauslese (2)' und (3)' zeigen. Die Adverse Selektion resultiert daraus, dass die Kapitalnehmer mit den schlechten Investitionsprojekten I2 bereit sind, höhere Kapitalzinsen zu zahlen. Dies ist die Folge des höheren Ertrages bei Erfolg der risikoreichen Investition und der geringeren Rückzahlungswahrscheinlichkeit; mit $p(I2) < 1$:

$$d(YI1k) / d(ik) = -(X-Ck) - Ck\,(di^{*}/d(ik)) \qquad k=H,G \qquad (2)'$$

$$d\,(Yl2k)\,/\,d\,(ik) = -\,p\,(X\text{-}Ck) - Ck\,(di^{*}/d(ik))$$
$$k=H,G \qquad (3)'$$

Aus der höheren Wahrscheinlichkeit der Rückzahlung bei den guten Kapitalnehmern p (I1) = 1 resultiert für I1 Kreditnehmer ein höherer Wert einer Zinsvergünstigung.

Wie dargestellt gilt dies nur unter der Voraussetzung eines ausreichend hohen Labelling-Niveaus, d.h. ausreichend risikospezifischer Prämien-Restzins Kombinationen. Quadrant II stellt den "tradeoff" zwischen Securitization und Einlagenfinanzierung in Abhängigkeit vom Labelling-Niveau dar.

Graphik 11: Quadrant II; (L,S)

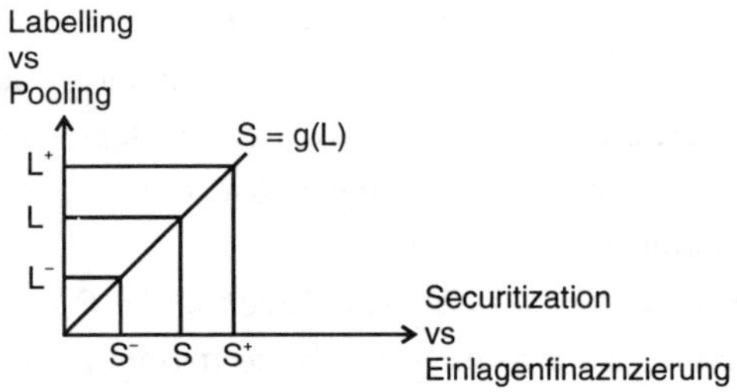

Die Funktion S = g(L) in Quadrant II verdeutlicht den positiven Zusammenhang zwischen dem Labelling-Niveau und dem Securitization-Volumen: $dg/dL > 0$. Je besser die Qualitäten der Kreditnehmer identifiziert werden, desto risikoadäquater ist das Kontraktdesign, d.h. die durch den Kontrakt offerierte Kosten-Nutzen-Konstellation für die Kreditversicherung. Dieser Zusammenhang verdeutlicht die "economies of scope" zwischen Labelling und Securitization.

Andererseits werden Kreditnehmer mit risikoreichen Investitionsmöglichkeiten systematisch die Einlagenfinanzierung wählen, da sie in diesem Fall ihre Qualitäten nicht durch die Kontraktauswahl offenbaren. Ist die Investition erfolgreich, bleibt trotz hoher Kreditzinsen ein grosser Gewinn; bei Misserfolg werden die über das Eigenkapital hinausgehenden Verluste auf die Banken abgewälzt. Daher werden Kreditnehmer mit riskanten Projekten versuchen ihren "Einsatz", sei es in Form von Eigenkapital oder von Prämien, so gering wie möglich zu halten. Dies erklärt die systematische Tendenz, dass es beim Banking zur Verbriefung guter Aktiva und zur Einlagenfinanzierung für Kredite schlechter Qualität kommt.[75]

Die Kosten der Securitization und damit der "tradeoff" zwischen Securitization und Einlagenfinanzierung werden auch durch Regulierungen beeinflusst, hierauf geht Kapitel C näher ein.

Abschliessend ist die Bedeutung der Screeningkosten für das Labelling-Niveau und damit für das Nontraditional Banking zu betonen. Bei steigenden Screeningkosten wird tendenziell das Labelling sinken und damit das Pooling steigen. Der Anstieg der Securitization in den letzten Jahren ist daher ein möglicher Indikator für sinkende Kosten bei der Informationsproduktion und/oder für steigende Finanzierungskosten bei der Einlagenfinanzierung.[76]

Die informationstheoretische Bedeutung der, aus der Securitization resultierenden Kreditverkäufe, ist das Thema des nächsten Abschnittes.

3.2 An- und Verkäufe von Krediten

Kreditverkäufe sind die Folge der Securitization, wie die Maklerfunktion das Resultat der Transformationsfunktion der Bank ist.[77] Die Bankenpraxis, Kredite zu verkaufen hat beachtlich zugenommen. Kreditanteile werden von Grossbanken an kleinere Banken, ausländische Banken und andere Institute verkauft. Der Verkauf von Krediten oder Kreditanteilen, die bisher als nichthandelbare Bankaktiva erachtet wurden, wird durch deren Marktfähigkeit ermöglicht. Der Unterschied zur Securitization besteht darin, dass die Aktiva unverändert gehandelt werden. Die Banken fügen dem Kredit selbst keinen Wert zu und gewähren keinerlei Garantien; daher müssen die Banken auch kein Kapital zur Absicherung dieser Aktiva zurückstellen.[78] Mit dem Verkauf wird das Aktivum aus der Bilanz entfernt. Gleichzeitig ermöglichen die Kreditverkäufe den Banken eine im Vergleich zur Einlagenfinanzierung kostengünstigere Finanzierung neuer Kredite. Die Kosteneinsparungen basieren darauf,

---

75 vgl. Greenbaum; Thakor 1987
76 ebenda, S.18
77 vgl. Pennacchi 1988
vgl. Greenbaum 1990, S.23
vgl. Mester 1992
78 vgl. Greenbaum 1990, S.23

dass die Finanzmittel, welche die Banken durch Kreditverkäufe an Nichtbanken erhalten, keinen Kapital und Mindestreserveerfordernissen unterliegen.[79] Weiterhin dienen Kreditverkäufe als Signal für eine hohe Kreditqualität. Da keine Garantien gewährt werden, besitzen Banken zwei Möglichkeiten, die Qualität ihrer Kredite zu signalisieren: Entweder kann die Bank kontraktlich dem Käufer des Kredites eine Kontrolle des Kreditnehmers auch nach dem Verkauf garantieren.[80] Oder die Bank verfügt über eine erstklassige Reputation, die dem Verkäufer die Kreditqualität auch ohne Kontrakt versichert. Je grösser die Informationsprobleme sind, desto höher ist der Ertrag für die Reputation der Bank.

In beiden Fällen ist der langfristige Absatz von Krediten abhängig von der Kreditqualität. Infolge der kostengünstigeren Finanzierung neuer Kredite durch die bei Verkäufen erzielten Finanzmittel -gegenüber der regulierten Einlagenfinanzierung- werden die Banken systematisch die Kredite guter Qualität verkaufen und die "lemon" Kredite durch Einlagen finanzieren.[81] Wie bei der Securitization dargestellt, kommt es auch bei Kreditverkäufen zur positiven Selektion, bzw. zur Negativauslese für einlagenfinanzierte Kredite.[82]

Die Kostenvorteile sind eine Erklärung dafür, dass 1988 das Volumen von Kreditverkäufen um das Zwanzigfache höher als das der Securitization war.[83]

Mit dem Nontraditional Banking, d.h. der Securitization und den An- und Verkäufen von Krediten, verschieben sich die Aufgabenschwerpunkte der Banken. Das Nontraditional Banking ermöglicht den Banken die Aufteilung der bei der Intermediation gebündelten Tätigkeitsbereiche, wie: Einlagenaufnahme, Serviceleistungen, Garantiegewährleistungen, Aktivamanagement, Finanzierungen und Informationsproduktion. Die Bank kann sich auf ihre komparativen Vorteile bei der Informationsproduktion spezialisieren und anstatt die Kredite in der Bilanz zu halten, immer mehr eine Maklerfunktion wahrnehmen. Durch die Maklertätigkeit reduziert die Bank die Spanne zwischen An- und Verkaufspreisen von Krediten. Die Kostenreduktion für An- und Verkäufer von Krediten bil-

---

79 vgl. Pennacchi 1988, S.375f
80 vgl. Pennacchi 1988
81 vgl. Greenbaum; Thakor 1987
vgl. Pennacchi 1988
82 vgl. Greenbaum; Thakor 1987
vgl. Pennacchi 1988
83 vgl. Greenbaum 1988, S.24

det dann anstelle der Marge zwischen Einlagen- und Kreditzins die Basis für den Bankenertrag.[84]

Das Volumen der Kreditverkäufe ist abhängig vom Securitization-Volumen und damit auch vom Labelling-Niveau, welches beim Traditional Banking erreicht wird. Je höher das Niveau des Labelling, desto grösser ist das Volumen der Kreditverkäufe und desto geringer ist der Anteil der Kredite, die durch Einlagen finanziert werden.

Die Möglichkeit des Monitorings der Kredite nach dem Verkauf stellt eine Option für Banken dar, die sich im graphischen Modell in einer Drehung der Funktion S = g(L,ß) nach $S = g(L,ß^{+})$ zeigt. Dies resultiert daraus, dass Banken durch die Garantie des Kreditnehmer-Monitoring mehr Kredite verkaufen können. Die Banken besitzen solange Anreize diese Option auszuüben, bis die Kosten des Monitorings den Finanzierungsvorteil von Kreditverkäufen gegenüber der Einlagenfinanzierung kompensieren.

Graphik 12: Quadrant II; (L,S,ß)

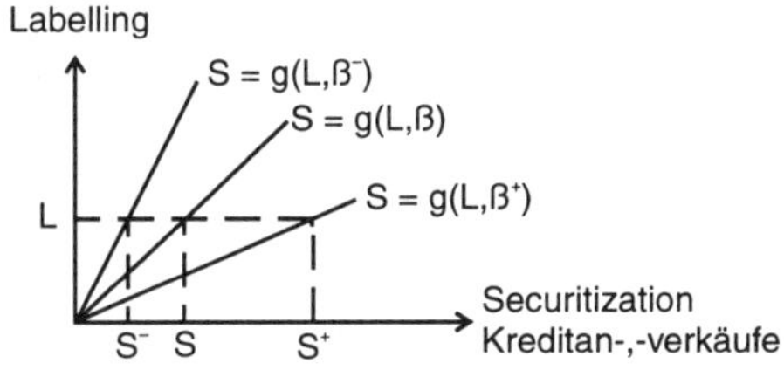

Auch steigende/sinkende Reputationen beeinflussen das Volumen der Kreditverkäufe, was sich graphisch in einer Drehung der Funktion nach $S = g(L,ß^{+})$ bzw. S = g(L,ß-) ausdrücken lässt. Wie in den nächsten Punkten beschrieben wird, spiegeln sich die Entwicklungen beim Banking auch in der Qualität der Bankaktiva wider.

84 vgl. Greenbaum 1990, S.20

4 Banking und Bankaktivaqualitäten

Sowohl die traditionellen Bankaktivitäten als auch die Securitization und die An- und Verkäufe von Krediten stehen in direkter Beziehung mit der Qualität der Bankaktiva. Die Aktivaqualität ergibt sich aus der Qualität der nicht marktfähigen Aktiva und der Qualität der verbrieften Aktiva, die noch im Besitz der Bank sind; die Qualität spiegelt sich im Ertrag je Dollar Aktiva wider. Nachfolgend wird der Einfluss des Traditional - und Nontraditional Bankings auf die Aktivaqualität dargestellt.

4.1 Traditional Banking

Wie in der formalen Analyse aufgezeigt, ist es das Ziel der Bankaktivitäten den Überschuss G und damit die Differenz zwischen Screeningertrag und Screeningkosten zu maximieren. Der Screeningertrag drückt die Erhöhung der Ertragsrate durch einen zunehmenden Ressourceneinsatz aus. Durch den vermehrten Ressourceneinsatz steigt *a,* d.h. der Anteil der identifizierten guten Kapitalnehmer. Der steigende Anteil an identifizierten guten Kreditnehmern führt nach (7)' $de_k/da>0$ zur Ertragssteigerung für die Kapitalgeber.
Die in Punkt 2 aufgeführten komparativen Bankenvorteile beim Traditional Banking, durch die Bank-Kunden-Beziehung, die Wiederverwendbarkeit von Informationen, das Delegated Monitoring und durch Bankkontrakte spiegeln sich im Einflussfaktor ß+ wider. Graphik 10 verdeutlicht die Wirkung des Einflussfaktors ß+, der auch bei einem konstanten Einsatz von Ressourcen zu einem steigenden Labelling-Niveau und damit zu einer Verringerung des Poolings und der Durchschnittspreisbildung führt.

Graphik 10: Quadrant I; (R,L,ß)

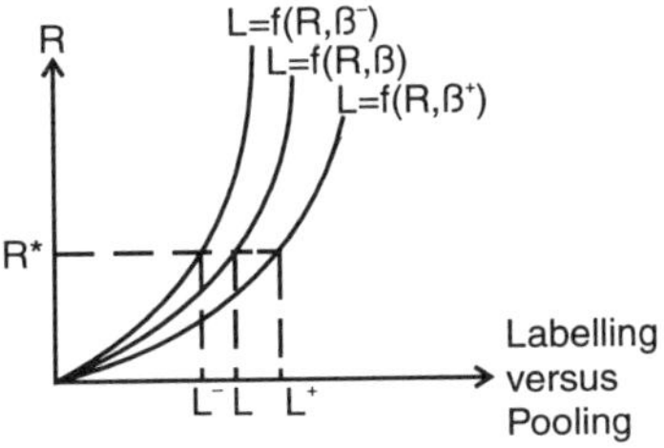

Die komparativen Vorteile beim Traditional Banking erhöhen über ein steigendes Labelling-Niveau die Allokation von Einlagen auf gute Investitionsprojekte und damit die Bankaktivaqualität.

4.2 Nontraditional Banking

Gegenstand dieses Punktes ist es den positiven Zusammenhang zwischen dem Nontraditional Banking und der Qualität der Bankaktiva darzustellen: BAQ = h(S), mit dh/dS > 0. Unter der BAQ wird die Qualität der verbrieften und nichtverbrieften Bankaktiva verstanden, die im Besitz der Bank sind. Die Qualität drückt sich durch den Ertrag je Dollar-Aktiva aus. Die Verbesserung der Bankaktivaqualitäten infolge des Nontraditional Bankings hat zwei Ursachen.
Erstens, die für den Securitization-Prozess typische positive Selektion bei den Kapitalnehmern. Diese Auslese führt zu einer Erhöhung des Labelling-Niveaus und damit zu einer vermehrten Finanzierung von guten Kreditnehmern und zu steigenden Bankaktivaqualitäten. Je höher das Securitization-Volumen ist, desto grösser ist der Anteil der guten Kapitalnehmer, die identifiziert sind und von der Bank finanziert werden. Graphik 13 stellt den Zusammenhang zwischen Securitization-Volumen und der Qualität der Bankaktiva dar.

Graphik 13: Quadrant III; (S,BAQ)

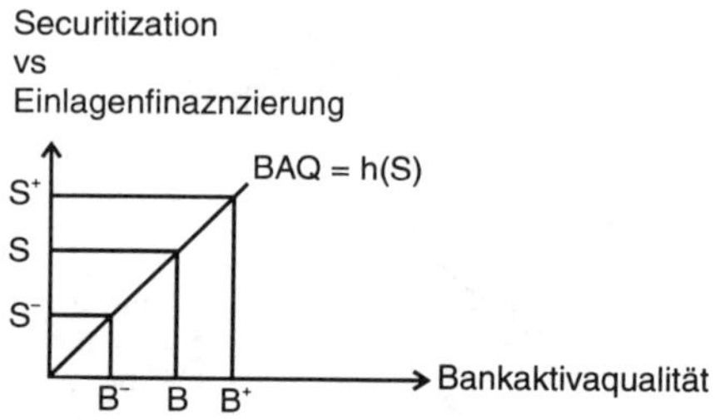

Die zweite Ursache für eine Verbesserung der Bankaktivaqualität infolge des Nontraditional Bankings ist die Weiterverarbeitung der im Zuge des Securitization-Prozesses verbrieften guten Aktiva. Möglichkeiten zur Diversifikation in der Form von "closed end mutual funds"[85] und das "stripping"[86] der Zahlungsströme führen zu einer weiteren Erhöhung der Aktivaqualität. Zusätzlich werden die verbrieften Aktiva mit "over collateralization", "stand-by-letters-of-credit"[87] und Garantien von anderen Institutionen versehen. Die Flexibilität bei der Gewährung von Garantien und Inhaberrechten auf die Zahlungsströme dieser Aktiva erhöht deren Wert durch die Anpassung an die unterschiedlichen Bedürfnisse der Nachfrager.

Die durch die Securitization ausgelöste positive Selektion, die homogen guten Qualitäten, sowie die Diversifikationen und Garantien der Banken, ermöglichen diesen Aktiva "investment grade ratings". Die Ratings durch Bond Rating Agencies, die sich ursprünglich auf erstklassige Finanztitel beschränkten, führen für die guten Kapitalnehmer auf "information intensive" Märkten zu Finanzierungsbedingungen wie bei symmetrischer Informationsverteilung.

---

85 Investmentfonds mit festem Kapital, das nur im Wege einer jeweils zu beschließenden Kapitalherauf- oder -herabsetzung geändert werden kann.
vgl. Gabler Banklexikon 1988, S.513

86 Ein festverzinsliches Wertpapier wird in die Bestandteile Zinszahlungen und Rückzahlungsbetrag zerlegt, welche dann getrennt gehandelt werden.
vgl. Gabler Wirtschaftslexikon 1988, S.1803

87 Anweisung an eine oder mehrere Banken, dem Begünstigten Beträge bis zu der bezeichneten Höchstsumme auszuzahlen.
vgl. Gabler Banklexikon 1988, S.3051

Die Weiterverarbeitung der verbrieften Aktiva durch Diversifikationen, Garantien und "investment grade ratings" erhöht deren Marktwert und damit auch die Qualität der Aktiva. In der Graphik lässt sich dies durch eine Drehung der Funktion BAQ = h(S,ß) nach BAQ = h(S,ß+), zeigen.

Graphik 14: Quadrant III; (S,BAQ,ß)

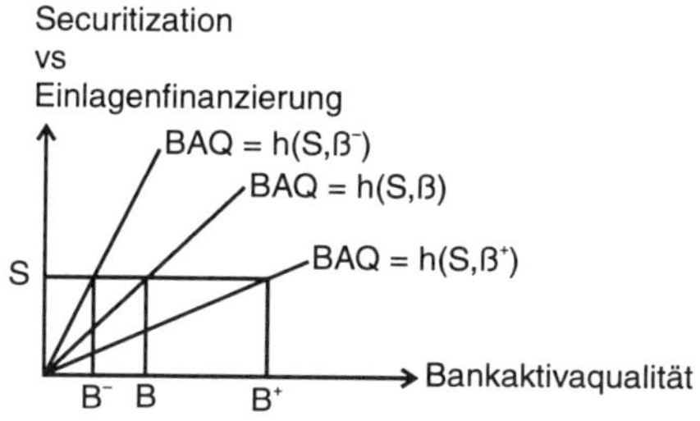

Verschlechterungen, wie eine sinkende Diversifizierung drücken sich in einer Drehung der Funktion nach BAQ = h(S,ß-) aus. Die Abhängigkeiten zwischen der Entwicklung des Bankings, den Bankaktivaqualitäten und der Wahrscheinlichkeit von Bankinsolvenzen werden im folgenden Punkt untersucht.

5 Banking und Insolvenzrisiken

Dieser Punkt konzentriert sich auf die Zusammenhänge zwischen Finanzierungskosten, Aktivaqualitäten, Insolvenzrisiken und der Entwicklung des Bankings. Als Grundlage für die Untersuchung dieser Beziehung wird zunächst der negative Zusammenhang zwischen der Bankaktivaqualität und dem Insolvenzrisiko aufgezeigt. Graphisch stellt sich dieser Zusammenhang durch die Funktion I = k(BAQ), mit dk/d(BAQ) < 0 dar.

Graphik 15: Quadrant IV; (BAQ,I)

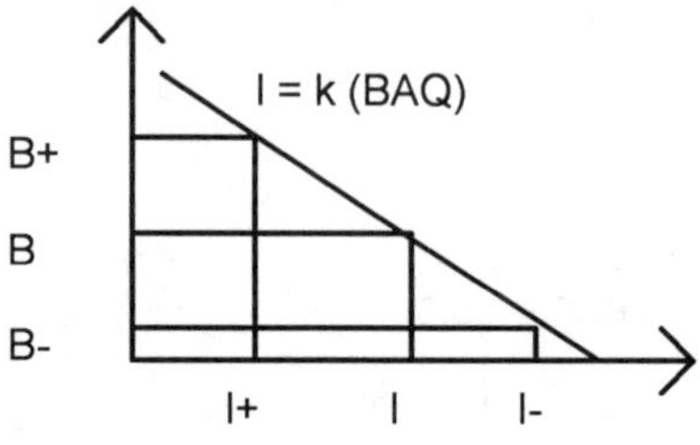

Die Erhöhung der Bankaktivaqualität durch das Nontraditional Banking führt zu einer sinkenden Insolvenzwahrscheinlichkeit. Die Drehung der Funktion I = k(BAQ,ß) im Uhrzeigersinn nach I = k(BAQ,ß-) drückt den Einfluss negativer gesamtwirtschaftlicher Entwicklungen auf die Insolvenzwahrscheinlichkeit aus. Die Drehung entgegen dem Uhrzeigersinn nach I = k(BAQ,ß+) drückt positive gesamtwirtschaftliche Einflüsse aus. Am Beispiel des angelsächsischen Bankensystemes wird die Beziehung zwischen Finanzierungskosten, Insolvenzrisiken und der Entwicklung des Bankings im folgenden Punkt verdeutlicht.

5.1 Finanzierungskosten

Die Krise der 30er Jahre hat in den USA zu einem System der Bankenregulierung geführt, das darauf ausgerichtet ist, die Stabilität des Bankensystemes zu bewahren, die Konzentration finanzieller Macht zu vermeiden, Kleininvestoren zu schützen und exzessive Risikoaufnahmen auszuschliessen. Die Pfeiler des Systemes sind: Das Verbot des "interstate banking", die Trennung von "commercial" und "investment" Banken, eine Einlagenversicherung (die FDIC wurde 1933 und die FSLIC im Jahr 1934 gegründet), das Verbot von Zinszah-

lungen auf Sichteinlagen (Banking Act of 1933) sowie die Regulierung der Einlagenzinsen (Regulation Q).[88]
Die US-Regulierungen hatten Erfolg innerhalb der Periode von 1940 bis 1980: "Bank-runs" wurden vermieden und Insolvenzen von Banken praktisch ausgeschlossen (lediglich 299 von 13500 versicherten Banken).[89] Die Kombination aus "flat-fee"-Prämien für die Einlagenversicherung, Zinssatzregulierungen und Markteintrittsschranken hat den Banken geringere Finanzierungskosten und damit stabile Erträge garantiert und Insolvenzen verhindert.
Die Ertragslage der Banken hat sich dennoch mit Beginn der 70er Jahre verschlechtert. Zinssteigerungen durch die Inflation der frühen 70er Jahre haben die Attraktivität von MMF für Kapitalgeber in Relation zu der Anlageform Einlage erhöht. Gleichzeitig hat die Disintermediation[90] durch die steigende Bedeutung des "commercial paper" Marktes die Position der Banken verschlechtert.[91] Die Erhöhung der Marktzinssätze bedeutete eine Steigerung der Opportunitätskosten für die Haltung von zinsregulierten Bankeinlagen. Dies ist mit einer Preiserhöhung für die Stabilität des Bankensystemes gleichzusetzen.[92]
Der Widerstand der Einleger gegen geringe Einlagenzinsen spiegelte sich in dem Anstieg des Kapitalvolumens der MMF wider, deren Design die Umgehung der Zinssatzregulierungen ermöglichte. Sinkende Bankerträge aufgrund fehlender günstiger Einlagen, begleitet durch sinkende Qualität der Bankaktiva, aufgrund der Wirtschaftskrise zu Beginn der 80er Jahre, waren die Folge. Die Erhöhung der Insolvenzen durch die Wirtschaftskrise drückt sich graphisch durch eine sinkende BAQ von B auf B- aus. Da diese BAQ-Verschlechterung nicht durch das Banking beeinflußt ist, kann die Wirtschaftskrise auch als Drehung der Funktion I = k (BAQ,ß) nach I = k (BAQ,ß-) interpretiert werden.

---

88 vgl. Greenbaum 1990
vgl. Vives; Matutes 1992
89 Zwischen 1930 und 1933 scheiterten 9106 Banken.
vgl. Vives; Matutes 1992
90 Die Schaffung einer direkten Kreditbeziehung zwischen Emittent und Anleger wird als Disintermediation bezeichnet.
91 vgl. Monatsbericht der Deutschen Bundesbank, Mai 1993, S.59ff
92 vgl. Davis 1991, S.32
vgl. Vives 1990

Graphik 16: Quadrant IV; (BAQ,I,ß)

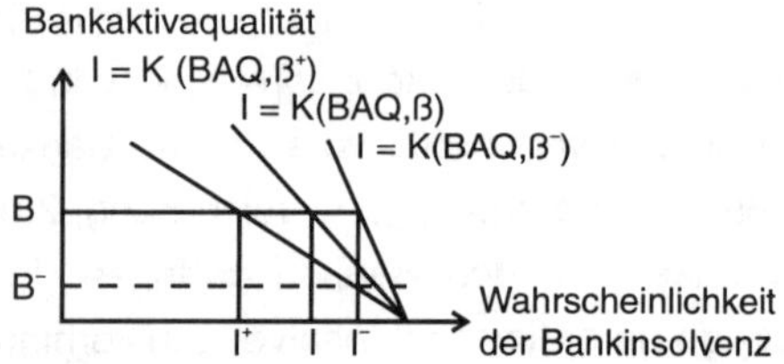

Aus der informationstheoretischen Betrachtung des Bankings hat diese Verschlechterung der Ertragslage den Banken zwei Entwicklungen ermöglicht.
Erstens eine Spezialisierung auf die komparativen Vorteile bei der Informationsproduktion und auf das daraus resultierende Nontraditional Banking: Die durch Verkäufe von Krediten oder Kreditanteilen an Nichtbanken erzielten Mittel ermöglichen Banken eine steigende Unabhängigkeit von den regulierten Einlagen und den an das "balance-sheet-banking" geknüpften Kredit-, Zins- und Liquiditätsrisiken.
Zweitens die Möglichkeit, aufgrund der Informationsasymmetrie zwischen Bank und Einleger, die Einlagen für riskante Projekte zu verwenden, wobei daraus resultierende Gewinne an die Bank gehen und Verluste auf die Einleger abgewälzt werden.
Die Entscheidung der Bank zwischen diesen beiden Möglichkeiten spiegelt sich im Ressourceneinsatz R und damit in Quadrant I der graphischen Darstellung wider. Konzentriert sich die Bank auf ihre komparativen Vorteile, so wird sie die ihr zur Verfügung stehenden Ressourcen für das Screening verwenden. Das daraus resultierende hohe Labelling-Niveau bildet die Grundlage für das Nontraditional Banking. Die Spezialisierung der Bank auf ihre komparativen Vorteile und die daraus resultierenden Wirkungen auf das Insolvenzrisiko von Banken werden nachfolgend dargestellt.
Die Interessenkonflikte zwischen Banken und Einlegern werden in Kapitel C behandelt.

5.2 Traditional Banking

Die Grundlage für den Ertrag des Traditional Banking bildet die Spanne zwischen Einlagen- und Kreditzinsen. Abstrahiert man von der Möglichkeit des Nontraditional Bankings, so leitet sich aus der Erhöhung der Einlagenzinsen eine Verringerung der Marge zwischen Einlagen und Kreditzinsen und damit über den sinkenden "Screeningertrag" ein sinkender Überschuss ab.[93]
Als Folge wird die Bank ihre Variable, den Ressourceneinsatz R für das Screening, reduzieren. Die Intensität des Labelling wird sinken und eine Erhöhung des Poolings wird zu einer Verschlechterung der durchschnittlichen Kredit und Aktivaqualität führen.
Die Tendenz, keine Ressourcen in das Screening zu investieren, wird durch andere Einflussfaktoren unterstützt: Steigende Zinsen erhöhen einerseits für Banken die Kosten der kurzfristigen Einlagenfinanzierung und führen andererseits zu Wertverlusten bei schon bestehenden festverzinslichen, langfristigen Aktiva. So kann es über Wertverluste zu einer Reduzierung des Eigenkapitales und damit zu einer Reduzierung der Ressourcen, welche der Bank für das Screening zur Verfügung stehen, kommen. Wirtschaftliche Schwankungen erhöhen die Volatilität der Kreditrisiken und führen über eine Senkung von Reusability und Durability auch zu einem sinkenden Überschuss. Die Senkung der Reusability und Durability drückt sich in der formalen Analyse durch ß- aus. Wie in der Graphik 8 dargestellt spiegelt sich der Einflussfaktor ß- in einem reduzierten optimalen Ressourceneinsatz wider und führt so zu einer sinkenden Intensität des Labelling.[94] An dieser Stelle ist festzuhalten, dass unter Abstrahierung des Nontraditional Banking ein negativer Zusammenhang zwischen der Variablen Ressourceneinsatz für das Screening R und der Erhöhung der Kosten der Einlagenfinanzierung besteht, bei gleichbleibendem Aktivzins.
Beim Traditional Banking besitzen Banken zwar Vorteile gegenüber anderen Intermediären bei der Senkung der Agency Kosten, eine Erhöhung der Kosten für Einlagen führt jedoch über die Senkung des Überschusses zu einer Reduzierung der für das Screening eingesetzten Ressourcen von R auf R^-.
Inflation, Zinserhöhungen, sinkende Reusability und Durability infolge von Konjunkturschwankungen bedeuten steigende Agency Kosten und damit eine Drehung der Funktion $L = f(R,ß)$ nach $L = f(R,ß^-)$, was zu einer weiteren Redu-

93 vgl. Greenbaum 1990, S.20
94 vgl. Greenbaum; Chan; Thakor 1986

zierung des Ressourceneinsatzes und einem weiteren Anstieg des Pooling führt.

Der Einfluss dieser Risiken wird von den Banken durch Finanzinnovationen wie Termingeschäfte, Optionen und Swaps gelindert.[95] In der graphischen Analyse lässt sich die Wirkung der Finanzinnovationen als Rückbewegung von ß⁻ nach ß interpretieren.

Im folgenden Punkt wird verdeutlicht, wie das Nontraditional Banking den Banken eine steigende Unabhängigkeit von den Kosten für Einlagen und den mit der Haltung illiquider Aktiva verbundenen Risiken, bei gleichzeitiger Spezialisierung auf die komparativen Bankenvorteile, ermöglicht.

5.3 Nontraditional Banking

Der Prozess der Securitization ist auch das Ergebnis eines Bruchs mit der Vergangenheit, als die Banken über gewaltige Mengen günstiger Einlagen verfügen konnten. Unter diesen Bedingungen hatten die Banken keine Anreize, die in das Traditional Banking eingebundene Einlagenaufnahme abzuschieben und ihre Kredite durch andere Fonds zu finanzieren. Der Securitization-Prozess bietet Banken die Option Kredite, die bis zur Fälligkeit gehalten werden, durch marktfähige Aktiva zu ersetzen. Die Securitization kann daher als Beschleunigung bei der Realisierung von Erträgen aus dem Transformationsprozess von illiquiden in liquide Bankaktiva interpretiert werden ("way of accelerating the premiums earned for liquifying assets"[96]). Sind die Erträge aus der Verbriefung und dem Handel der Aktiva grösser als die Erträge aus dem Traditional Banking, wird die Bank die Securitization erhöhen. Kostensteigerung für Einlagen und Risiken, die an die Haltung illiquider Aktiva gebunden sind, stellen somit Anreize für das Nontraditional Banking dar.[97]

Durch Kreditverkäufe erzielte Finanzmittel bieten den Banken die Möglichkeit, die Einlagenaufnahme -zur Finanzierung von Krediten- abzustossen. Damit werden die Banken unabhängig von den Einlagenzinsen.[98] Die Liquiditäts-,

---

95 vgl. Saunders 1994
96 vgl. Greenbaum 1990, S.22
97 vgl. Greenbaum 1990, S.23
vgl. Simon 1993
98 vgl. Pennacchi 1988

Kredit- und Zinsrisiken des Traditional Bankings werden auf die Käufer der marktfähigen Aktiva übertragen. Die Bank spezialisiert sich auf ihre komparativen Vorteile beim Screening der Kreditqualitäten und erfüllt für die verbrieften Aktiva die Maklerfunktion. Die dabei von der Bank erworbenen und vergebenen Aktiva sind identisch. Die Banken sind perfekt "matched", "hedged" oder "immunized".[99]

Den Banken wird es möglich, durch die Securitization und die An- und Verkäufe von Krediten das Traditional-Banking in seine elementaren Aktivitäten aufzuspalten. Diese lassen sich beim Kreditvergabeprozess in die Informationsproduktion und -verarbeitung, die Finanzierung, den Service und in die Gewährleistung von Garantien aufteilen.[100]

Das Nontraditional Banking ermöglicht den Banken, sich auf die Bereiche zu spezialisieren, in denen sie über komparative Kostenvorteile gegenüber den anderen Finanzunternehmen verfügen; d.h. auf die Senkung der Agency Kosten. Die Bereiche komparativer Nachteile, wie die Einlagenfinanzierung, können die Banken abschieben.[101] Steigende Kosten für die Einlagenfinanzierung stellen Anreize zur Erhöhung des Ressourceneinsatzes R für das Screening dar, um durch das Nontraditional Banking die komparativen Nachteile abzustossen, die komparativen Kostenvorteile zu nutzen und die Wahrscheinlichkeit der Insolvenz zu senken. Dabei ergeben sich im Überblick folgende Zusammenhänge:

$I = k(BAQ), \; dk/d(BAQ) < 0$

$BAQ = h(S), \; dh/dS > 0$

$S = g(L), \; dg/dL > 0$

$L = f(R), \; df/dR > 0$

Eine Erhöhung des Ressourceneinsatzes R führt zu einem steigenden Labelling-Niveau und zu einer zunehmenden Securitization von Krediten. Auf der Erhöhung der Securitization basiert die Verbesserung der sich im Besitz der Bank befindenden Bankaktivaqualitäten, was zu einer sinkenden Wahrscheinlichkeit für die Insolvenz und zu einer Erhöhung der Ressourcen, die der Bank zur Verfügung stehen, führt.

99 vgl. Greenbaum 1990
vgl. Hubbard 1991, Chapter 11
100 vgl. Greenbaum; Thakor 1987
101 vgl. Greenbaum 1990, S.22

Graphik 17 verdeutlicht den negativen Zusammenhang zwischen der Wahrscheinlichkeit der Bankinsolvenz und dem Ressourceneinsatz.

Graphik 17: Wahrscheinlichkeit der Bankinsolvenz und Ressourceneinsatz

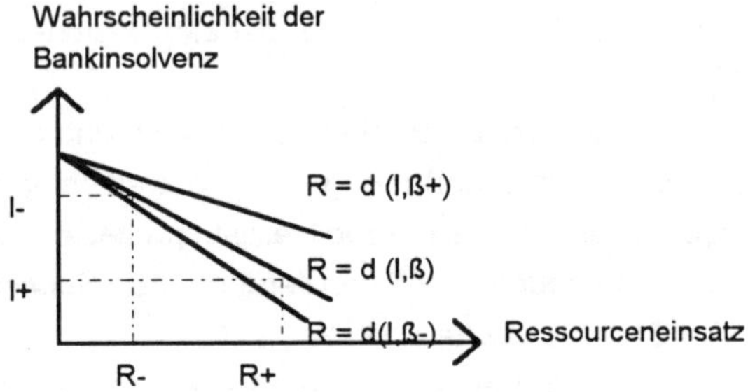

Die Funktion R mit dR/dI<0 stellt die Abhängigkeit des Ressourceneinsatzes von der Wahrscheinlichkeit der Bankinsolvenz und von ß dar: Je geringer die Insolvenzwahrscheinlichkeit ist -je besser die Bankaktivaqualität-, umso höher ist der für das Screening verfügbare Ressourceneinsatz.

Damit ist der Kreislauf der Zusammenhänge zwischen Traditional-, Nontraditional Banking, der Qualität der Bankaktiva und der Wahrscheinlichkeit für die Insolvenzsituation einer Bank geschlossen. Graphik 18 stellt diesen Zusammenhang im Überblick vor.

Graphik 18: Quadrant I-V

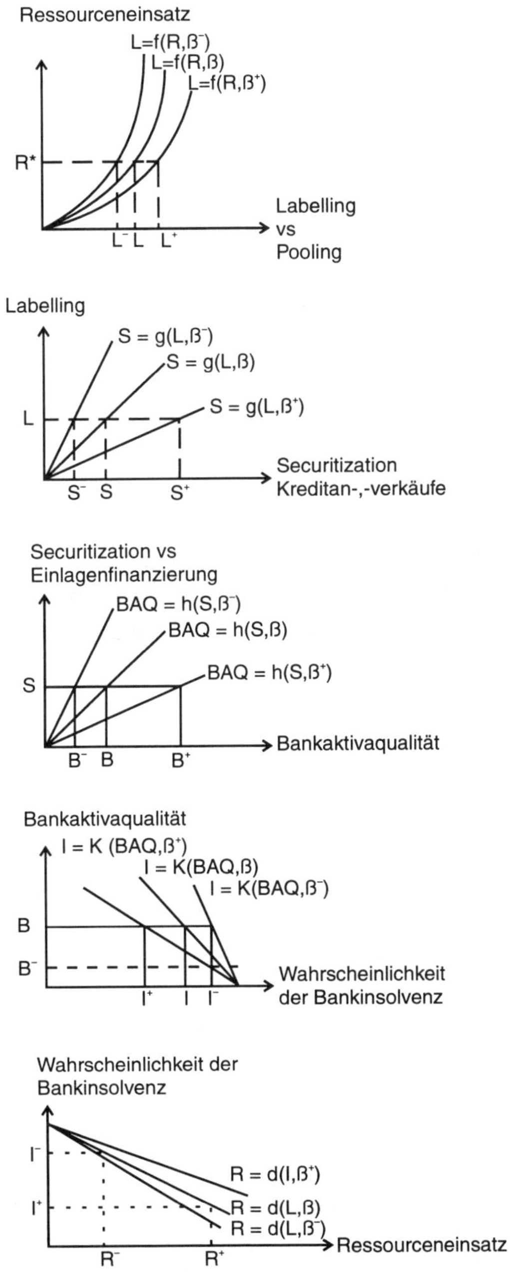

Kapitel B hat aufgezeigt, wie Banken durch die Nutzung ihrer komparativen Vorteile auf "information intensive" Märkten ihre Informations- und Finanzierungskosten senken. Die Einzigartigkeit der Banken besteht darin, dass diese Zugang zu allen erwähnten Informationsvorteilen besitzen, d.h. die einzelnen Kostenvorteile subsumieren und durch "economies of scope and scale" ausbauen. Nicht der Informationsvorteil in einem Bereich, beispielsweise gegenüber Rating Agenturen bei der direkten Informationsbeschaffung, sondern der Zusammenschluss von direkten und indirekten Lösungsansätzen mit der Finanzierungs- und Maklerfunktion stellt den komparativen Vorteil von Banken dar.
Durch die Identifikation und Verarbeitung von Risiken bis zu deren Marktfähigkeit, verbessern die Banken die Kapital- und Risikoallokation und damit die Funktionsfähigkeit wirtschaftlicher Systeme. Die Kreditintermediation führt jedoch auch zu neuen Informationsproblemen. Auf dem Einlagenmarkt sind nun die Banken infolge ihrer Informationsproduktion Informationsinsider.
Interessenkonflikte aufgrund von Informationsasymmetrien zwischen Banken und Einlegern beim Traditional Banking sowie Banken und sowohl Investoren als auch Einlegern beim Nontraditional Banking, sind die Folge. Daraus resultierende Gefahren für die Stabilität des Bankensystemes und den Einlegerschutz rechtfertigen die Kontrolle des Bankenwesens. Der Einfluss dieser Kontrolle auf die Interessenkonflikte und die Entwicklung des Bankings ist der Gegenstand des folgenden Kapitels.

Das Traditional und Nontraditional Banking führt nicht nur zu sinkenden Informations- und Finanzierungskosten, sondern auch zu neuen Formen von Informationsasymmetrien und daraus resultierenden Interessenkonflikten.[102] Durch die Informationsproduktion und -verarbeitung besitzen die Banken auf dem Einlagenmarkt Informationsvorsprünge gegenüber den Einlegern: Banken sind auf dem Einlagenmarkt die Informationsinsider und die Depositeninhaber die Informationsoutsider. Für die Einleger besteht die Gefahr, dass die Banken die Einlagen in riskante Kredite investieren, ohne angemessene Risikoprämien zu zahlen[103] oder nach der Kreditvergabe ihre Aufgabe als Delegated Monitor vernachlässigen.[104] Die mit dem Einlagengeschäft verbundenen Interessenkonflikte gewinnen in jüngerer Zeit so an Bedeutung, dass Investmentgesellschaften im Kampf um die finanziellen Mittel bereits damit werben, selbst kein Einlagengeschäft zu betreiben.[105]

Probleme für die Banken resultieren aus der Informationsasymmetrie bezüglich ihrer Solvenzsituation. Die Insolvenz einer Bank kann infolge der Informationsasymmetrie auch Einleger von solventen Banken dazu veranlassen, grosse Einlagenmengen abzuheben.[106] Gute Banken werden durch die Existenz schlechter Banken beeinträchtigt: Schwierigkeiten von schlechten Banken können auch für gute Banken einen Vertrauensverlust und panikartige Einlagenrückzüge bewirken.[107] Durch die "runs" der Einleger werden "gesunde" Banken dazu gezwungen, illiquide Aktiva zu liquidieren, um die Einlagennachfrage zu decken. Hohe Transaktionskosten und die Unterbrechung profitabler Aktivitäten sind die Folge.[108] Daraus entstehen Risiken für das Bankensy-

---

102 vgl. Matutes; Vives 1992, S.3
103 vgl. Hubbard 1991, Chapter 11, S.14
104 vgl. Baltensperger; Dermine 1987
vgl. Vives; Chiaporri; Mayer; Neven 1991, S.96
105 Bspw.Fidelity Money Funds
106 vgl. Postlewaite; Vives 1987
107 vgl. Baltensperger 1988, S.168
108 Neben der Informationsasymmetrie sind für diese Situation auch die Liquidität der Einlagen (d.h. die Möglichkeit Einlagen kurzfristig abzuheben, ohne einen Wertverlust zu realisieren) und die Illiquidität der Bankaktiva (auch infolge der Risikodiversifizierung) verantwortlich.

stem als Ganzes durch die für das Bankensystem charakteristische Ansteckungsgefahr. Kettenreaktionen bei Bankzusammenbrüchen stellen eine ineffiziente Lösung für die Insolvenzsituation einzelner Banken und damit ein Marktversagen dar, mit dem hohe gesellschaftliche Kosten verbunden sind.[109]

Um diese Situation zu vermeiden, müssen die Einleger sicher sein, dass die Bank sowohl ihre Rolle als Informationsproduzent und Delegated Monitor erfüllt als auch faire Ertragsraten erstattet. Gleichzeitig ist das Bankwesen vor der Gefahr von "bank runs" zu schützen.[110] Es besteht der Bedarf für eine Überwachung und Kontrolle ("supervision") der Banken und des Bankensystemes. Damit kommt es zu der Frage, welche Form der Kontrolle für die Lösung der Probleme geeignet ist. Infolge der Bedeutung des Bankings lässt sich die Kontrolle des Bankensektors und damit die Sicherung der Stabilität des Bankensystemes mit der Bereitstellung öffentlicher Güter vergleichen. Da das Angebot dieser Güter ein kostspieliger und komplexer Prozess ist, kann es vorteilhaft sein, dass Regierungen diese anbieten, anstelle des privaten Sektors (Kleineinleger und Rating Agencies).[111] Regulierungen stellen dann das Instrument für deren Realisierung dar.[112] Diesbezügliche Regulierungen müssen den Banken Anreize zur Kapitalübertragung an gute Kapitalnehmer, zur Erstattung fairer Ertragsraten und zum Delegated Monitoring geben. Gleichzeitig ist durch die Vermeidung von Bankzusammenbrüchen die Stabilität des Bankensystemes zu gewährleisten.[113]

Nachfolgend werden Regulierungsformen, die diese Anreizstrukturen gewährleisten sollen, vorgestellt. Die Interaktion zwischen den von den Regulierungen ausgehenden Anreizen und dem dargestellten Traditional und Nontraditional Banking steht hierbei im Mittelpunkt.

Der Bezug zur angelsächsischen S & L Krise und der US-amerikanischen Entwicklung des Bankensystemes erfolgt in Kapitel D

Ausführliche Darstellungen des Zusammenhangs zwischen der Transformationsfunktion und "bank runs" finden sich bei:
vgl. Baltensperger, Dermine 1987
vgl. Diamond, Dybvig 1986

109 vgl. Bernanke 1983, S.257
vgl. Baltensperger 1988, S.168

110 vgl. Hubbard 1991, Chapter 11, S.16

111 Auch die "free rider" Problematik bei der Notwendigkeit eines "Monitoring the Monitor" durch die Einleger ist zu bedenken.

112 vgl. Baltensperger, Dermine 1987, S.74

113 vgl. Diamond, Dybvig 1986, S.59

1 Regulierungen zur Sicherung der Stabilität des Bankensystemes und zum Schutz des Einlegers

Dieser Abschnitt dient der informationstheoretischen Analyse von Regulierungen. Es werden die von den Regulierungen ausgehenden Anreize für die Einleger und das Banking aufgezeigt.[114] In Bezug auf die Gewährleistung der Stabilität des Bankensektors und des Einlegerschutzes lassen sich präventive und schadensbegrenzende (-behebende) Massnahmen unterscheiden.[115] Präventive Massnahmen zielen auf eine Senkung der von den Banken übernommenen Risiken und damit auf eine Vermeidung von Bankzusammenbrüchen: Eigenkapital-, Liquiditätsvorschriften, Portfoliorestriktionen, Zinssatzregulierungen und die Unterstellung unter eine allgemeine Aufsichts- und Überwachungsbehörde sind Beispiele. Schadensbegrenzende und -behebende Massnahmen umfassen verschiedene Formen der Einlagenversicherung und die "lender of last resort" Hilfe der Notenbank.

1.1 Einlagenversicherung

Bei den schadensbegrenzenden Regulierungen lassen sich diskretionäre und institutionalisierte Massnahmen unterscheiden. Diskretionäre Massnahmen werden nicht mit Bestimmtheit durchgeführt: Die "lender of last resort" Hilfe der Notenbank und andere mehr oder weniger deutlich ausgesprochene Garantieversprechen des Staates fallen in diese Kategorie. Muss im Bedarfsfall nach

114 vgl. Vives 1990/a, S.10

115 Auf Regulierungen als Maßnahme wettbewerbspolitischer Art wird nicht vertiefend eingegangen. Die Vorstellung beruht auf der Annahme, daß aus den "economies of scale and scope" Monopolisierungs- und Konzentrationstendenzen resultieren. Regulierungen sollen diesbezüglich den Bankensektor vor ungenügendem Wettbewerb schützen. Krasa; Villamil belegen, daß eine geringe Portfoliogröße ausreicht, um die Diversifizierungsvorteile nutzen zu können. Eine ausführliche und kritische Diskussion von Regulierungsmaßnahmen wettbewerbspolitischer Art und im Dienste der Geldmengen und Preisniveaukontrolle findet sich bei Baltensperger, 1988.

fest vorgegebenen Regeln Hilfe gewährt werden, wie im Fall der Einlagenversicherung, so handelt es sich um institutionalisierte Massnahmen.[116] Die Einlagenversicherung macht für Einleger alle Depositen qualitativ gleich, unabhängig vom Insolvenzrisiko der Bank. Der Einleger muss nicht zwischen guten und schlechten Banken unterscheiden: Er wird bei einer Bankinsolvenz von der Einlagenversicherung entschädigt. Infolgedessen gefährden Bankinsolvenzen nicht mehr die Sicherheit der Einlagen. Die Erwartung der Einleger, daß die Versicherung bezahlt, reduziert das Risiko von "runs".[117] Der Einlegerschutz und die aus der Vermeidung von "runs" resultierende Stabilität des Bankensystemes beinhalten auch Anreize für das Banking.

Einlagenversicherungen führen im Fall der "flat fee insurance", d.h. bei festen Versicherungsprämien pro Depositeneinheit, der den Normalfall darstellt, zu einer erhöhten Risikobereitschaft der versicherten Banken. Bei risikounabhängigen Prämien entstehen der Bank keine Kosten durch die Aufnahme zusätzlicher Risiken oder eine geringe Eigenkapitalausstattung: Einerseits müssen die Einleger wegen der Einlagenversicherung nicht durch höhere Einlagenzinsen für Risiken kompensiert werden und andererseits werden die über das Eigenkapital der Bank hinausgehenden Verluste von der Versicherungsinstitution getragen. Daher besitzen die Banken keine Anreize die Kreditrisiken marktgerecht zu bewerten. Die Risikobereitschaft der Bank wird auch dadurch unterstützt, dass die Einleger keine Anreize für eine Bankenkontrolle besitzen, da der Wert der Einlagen durch die Einlagenversicherung garantiert ist. Die Einleger fordern keine Kompensation für riskante Bankportfolios in Form erhöhter Einlagenzinsen, wie sie es bei Abwesenheit der Einlagenversicherung aufgrund der "limited liability" der Bank täten.[118] Die "flat fee insurance" ist somit bei einer begrenzten Haftung der Banken als Risikosubventionierung interpretierbar. Werden die Prämien nicht mit dem durchschnittlichen Risiko abgestimmt, sind die Einlagenkosten ab einem bestimmten Risiko unterbewertet.[119]

Das System variabler, risikoabhängiger Prämien stellt einen Ansatz zur Internalisierung der Kosten, die mit der Aufnahme von Risiken verbunden sind, dar.[120] Bei risikoabhängigen Versicherungsprämien wird die Risikoaufnahme

116 vgl. Baltensperger 1988, S.172
117 ebenda, S.56
118 vgl. Davis 1991, S.41ff
119 vgl. Matutes; Vives 1992
120 vgl. Baltensperger 1988, S.173

und damit das Insolvenzrisiko über den Einfluss der Versicherungsprämie begrenzt.[121] Dagegen ist die Folge der "flat fee insurance" der Bedarf für zusätzliche präventive Regulierungen, um die Moral Hazard Anreize der Banken zu senken:[122] Kapital-, Liquiditätserfordernisse und Portfoliorestriktionen sind Beispiele für Folgeregulierungen der "flat fee" Einlagenversicherung.[123]

1.2 "Lender of last resort"

Auf den ersten Blick kann das System der Einlagenversicherung den Eindruck vermitteln, dass die Existenz einer "lender of last resort"-Funktion überflüssig ist. Es gibt drei Gründe, warum dies nicht der Fall ist:

Erstens decken die Reserven der Einlagenversicherung nur einen kleinen Teil der ausstehenden Einlagen ab. Kommt es zu einer Krise, ist es den Einlagenversicherern nicht möglich, die gesamten Verluste der Einleger zu erstatten. Diese Situation führt jedoch nicht zu einer Verunsicherung der Einleger, da die Erwartung besteht, dass die Zentralbank in einer Notsituation die Einlagenversicherung unterstützt.

Zweitens ist die Zentralbank nicht nur der "lender of last resort" für Banken, sondern auch für das gesamte Finanzsystem. Im Zuge der "Penn Central Bankruptcy" war es 1970 einer Vielzahl von Unternehmen nicht mehr möglich sich durch die Emission von "commercial papers" zu finanzieren. Die Federal Reserve Banks haben in dieser Situation durch vergünstigte Refinanzierungen Anreize für die Banken geschaffen, diese Unternehmen durch Kredite zu unterstützen. Auf diese Weise konnte die Insolvenz für die Unternehmen und eine Krise des Finanzsystemes vermieden werden.

Der dritte Grund für die Erfordernis eines "lender of last resort" liegt in der Ungewissheit bei der Gewährleistung diskretionärer Massnahmen.[124] Diese

121 In Kapitel D wird dieser Zusammenhang unter dem Aspekt der Solvabilität dargestellt.

122 vgl. Baltensperger 1988, S.57
vgl. Baltensperger 1988, S.172f
vgl. Grossman 1992

123 vgl. Vives, 1990/a, S.10ff

124 Die Bundesbank hat als Liquiditätshilfe die Liquiditäts - Konsortialbank GmbH gegründet. Gegenstand des Unter-nehmens sind Bankgeschäfte mit Kreditinstituten zur Sicherung ihrer Liquidität mit dem Ziel,

Ungewissheit führt einerseits zu einer erhöhten Gefahr von Einleger-"runs", weil die Erstattung der Einlagen nicht garantiert ist; andererseits bildet diese Unsicherheit einen Anreiz für die Bankenkontrolle durch die Einleger, da keine garantierte Haftung über die "limited liability" der Bank hinaus existiert. Bei dieser Form der Einlagensicherung besitzen die Einleger daher Anreize, das Risiko und die Eigenkapitalhöhe der Banken zu bewerten und die Banken zu überwachen.[125]

In der Praxis besteht jedoch häufig die feste Erwartung, dass der Staat bei Schwierigkeiten automatisch mit Garantien und Subventionen eingreift. Hieraus ergeben sich dieselben negativen Anreizeffekte wie bei institutionalisierten Massnahmen. Insbesondere bei Solvenzproblemen grosser Institute sind diskretionäre Interventionen "regelmässig" festzustellen ("too big to fail"-Problematik).[126]

Aus informationstheoretischer Sicht lassen sich die Schwachpunkte des gegenwärtigen Systemes der Einlagenversicherung auf zwei Aspekte konkretisieren: Erstens sind die Anreize für eine Bankenkontrolle durch die Einleger zu gering und zweitens die aus dem System des "safety net" (Einlagenversicherung und "lender of last resort" Interventionen) resultierenden Moral Hazard Anreize für Banken zu gross.[127]

1.3 Kapitalerfordernisse

Besteht keine Einlagenversicherung, müssen die Banken, die nur über eine geringe Eigenkapitalausstattung verfügen, ihre Einleger durch höhere Einlagenzinsen, als Prämie für das mit der begrenzten Haftung verbundene Risiko, kompensieren. Die Einlagenversicherung eliminiert diese Prämie und reduziert damit die Anreize für Banken zur Eigenkapitalhaltung.

---

die bankmäßige Abwicklung des Zahlungsverkehrs im Inland und mit dem Ausland zu gewährleisten.
vgl. Gabler Bank Lexikon, 1988, S.686ff und 1465f

125 vgl. Greenbaum; Thakor 1985
vgl. Baltensperger; Dermine 1987, S.77
vgl. Baltensperger 1988, S.172

126 vgl. Boyd; Gertler 1994

127 vgl. Baltensperger 1988
vgl. Greenbaum; Benveniste; Boyd 1988

Ertragsverschlechterungen und die Verschlechterung der Bankaktivaqualitäten können gleichzeitig Anreize zur Erhöhung des Risikos darstellen.
An die Aktiva geknüpfte Kapitalerfordernisse sind eine mögliche Reaktion auf die Anreize zur Senkung der Eigenkapitalausstattung und zur Risikoerhöhung.[128] Ein steigender Eigenkapitalanteil führt im Insolvenzfall zu einer Erhöhung der Haftung der Eigenkapitalinhaber der Bank.[129] Aber auch diese Regulierungsvariante hat Schwachpunkte: Eigenkapitalerfordernisse, die unverzinst von den Banken gehalten werden, führen zu einer Erhöhung der Kapitalkosten und so zu sinkenden Erträgen.[130]
Eine weitere Möglichkeit, die Haftung der Aktionäre im Falle einer Insolvenz zu erhöhen, ohne deren Kapitalkosten zu steigern, sind Zinszahlungen auf die Kapitalerfordernisse. Diese Massnahme führt jedoch zum Ausbau der Bankenprivilegien und damit auch zum Schutz ineffizienter Banken.[131]
Eine Sonderform bilden variable Kapitalerfordernisse, die an das Risiko der Bankenportfolios geknüpft werden. Um dies zu gewährleisten, muss die Relation des vom "Versicherungsbestand" -dem Bankportfolio- abhängigen Prämien-Risiko Schemas einerseits, und der Eigenkapitalhöhe andererseits, funktionsfähig sein.
Risikoadäquate Kapitalerfordernisse, die lediglich auf der Annahme basieren, dass Wertpapiere des öffentlichen Sektors einheitlich ein geringeres Risiko als die Finanztitel des privaten Sektors besitzen, gewährleisten dies nicht.[132]
Hierbei ist festzuhalten, dass Kapitalerfordernisse in jeder Form die Tätigkeitsbereiche der Banken beeinflussen. Die Banken werden ihre Passiva und Aktivastruktur der Kostensituation anpassen oder sich ganz aus der Intermediation zurückziehen und auf den Handel mit marktfähigen Finanztiteln konzentrieren.[133]

---

128 vgl. Greenbaum; Benveniste; Boyd 1988, S.4
vgl. Davis 1991, S.55
129 vgl. Greenbaum; Benveniste; Boyd 1988, S.19
130 vgl. Thakor 1993
vgl. Greenbaum; Benveniste; Boyd 1988
131 vgl. Vives 1990/a
132 Es ist zu beachten, daß das Zusammenspiel von Nontraditional Banking und Ratings die Risikooperationalisierung von Bankenportfolios erleichtert.
133 vgl. Greenbaum; Thakor 1985
vgl. Davis 1991, S.55

1.4 Zinssatzregulierungen

Das zentrale Argument für eine Regulierung der Einlagenzinsen ist die Prävention des Bankensystemes vor Instabilität. Exzessive Risikoaufnahmen, aufgrund der später ausführlich beschriebenen Moral Hazard Anreize, schaffen Situationen in denen kein stabiles Marktgleichgewicht existiert.[134] Die Allokation von Einlagen auf Institute, die infolge ihrer Risikobereitschaft -und nicht aufgrund ihrer Kreditnehmeridentifikation-[135] hohe Einlagenzinsen zahlen, ist das Ergebnis. Die Instabilität resultiert daraus, dass neue Banken immer alte Banken dominieren können.

Damit entstehen für die bestehenden Banken entweder Anreize für eine exzessive Risikoaufnahme, um die Erträge zu erhöhen oder für das Nontraditional Banking, um von der Einlagenfinanzierung unabhängig zu werden.

Ziel der Zinssatzregulierungen ist es zum einen, exzessive Zinssätze auszuschliessen; zum anderen wird erhofft, dass die steigenden Bankerträge, die aus einer vergrösserten Marge zwischen Einlagen- und Kreditzins resultieren, wie eine Erhöhung des Eigenkapitales auf die Moral Hazard Anreize wirken. Es ist jedoch umstritten, warum dieser "Schutz" des Bankensystemes von den Einlegern und nicht von den Bankaktionären finanziert werden soll. Des weiteren bewahren Zinssatzregulierungen durch die künstliche Erhöhung der Erträge auch ineffiziente Banken vor der Insolvenzsituation. Die Kehrseite eines geschützten Bankwesens kann der ungewollte Schutz von "lemon" Banken sein.[136]

Auch sind Zinssatzregulierungen zur Prävention von exzessiven Risiken nur begrenzt wirksam: Zwar wird die Einlagenaufnahme durch exzessive Einlagenzinsen verhindert, aber die Risikoaufnahme durch riskante Kreditvergaben

134 Für eine kritische Analyse der Argumente für eine Regulierung der Einlagenzinsen vergleiche:
vgl. Baltensperger; Dermine 1987, S.83ff
vgl. Mayer; Vives 1993
Matutes und Vives (1992) schildern, wie es auch unabhängig vom Wettbewerb, aufgrund von Koordinationsproblemen bei der Einlagenaufnahme, zu Instabilitäten durch mehrere Marktgleichgewichte ("vertical differentiation") kommen kann.

135 In der formalen Analyse drückt sich die Ertragssteigerung der Banken infolge der steigenden Kreditnehmeridentifikation durch eine Erhöhung von a aus.

136 vgl. Vives 1990/a

und Finanzinnovationen kann nicht durch die Regulierung der Einlagenzinsen ausgeschlossen werden.
Zinssatzregulierungen wären überflüssig, wenn die Prämien bei der Einlagenversicherung oder den Kapitalerfordernissen risikobezogen wären. In diesen Fällen müssten die Banken die Kosten ihrer exzessiven Risikoaufnahme internalisieren. Die Erhöhung der Eigenkapitalerfordernisse zielt auf das gleiche Ergebnis, ohne den Einlagenmarkt zu stören.[137] Die Regulierung der Zinssätze führt zu Marktstörungen, dadurch, dass der Preiswettbewerb unterdrückt wird, und die Banken zum Wettbewerb auf nichtpreislicher Ebene veranlasst werden. Monopolerträge verhindern einen Wandel in der Bankenstruktur. Es kommt zu produktübergreifenden Subventionierungen ("cross subsidizing") und zu Überinvestitionen in Produktqualitäten oder in den Kundenservice. Bankinterne Fehlallokationen dadurch, dass den Bereichen mit komparativen Vorteilen Ressourcen entzogen werden, sind die Folge. Zudem wird der Wettbewerbsdruck reduziert.[138]
Trotz dieser Nachteile darf nicht übersehen werden, dass auch eine begründete Deregulierung der Einlagenzinsen zu einer Erhöhung der Instabilität des Bankensystemes führen kann. Banken, die nur aufgrund der "künstlich", günstigen Einlagenfinanzierung keine Verluste realisieren, werden bei einem ungeeigneten System der Bankenkontrolle und einer "flat fee insurance" ihre Risikobereitschaft erhöhen.

2 Adverse Selektion und Moral Hazard beim Banking

Gegenstand dieses Punktes sind die aus den Informationsasymmetrien und Regulierungen resultierenden Adverse Selektion - und Moral Hazard Anreize für das Banking.
Die aus diesen Anreizen entstehenden Kosten werden als "delegation costs" (Delegationskosten) bezeichnet. Übersteigen die Delegationskosten die aus dem Banking resultierenden Kostenvorteile bei der Kapitalübertragung an gute Kapitalnehmer, dann ist die informationstheoretische Existenz von Banken unbegründet.

137 vgl. Baltensperger; Dermine 1987, S.83ff
138 vgl. Vives 1990/a, S.11

2.1 Traditional Banking

Die Banken, die auf der Basis ihres Labelling-Niveaus nicht wettbewerbsfähig sind, besitzen Anreize zur Erhöhung ihrer Risikobereitschaft. Die Strategie, bei der die Banken ihre Einlagen in riskante Projekte investieren, und die Rückzahlung der Einlagen und Einlagenzinsen den Banken nur möglich ist, wenn die Projekte erfolgreich sind, wird als "go for broke" bezeichnet. Hierbei vergeben Banken Kredite an Kreditnehmer, die zwar bereit sind hohe Kreditzinsen zu zahlen, deren Qualität aber nicht identifiziert ist. Voraussetzung ist eine Einlagensicherung.

Bieten die Banken im Zuge dieser Strategie den Einlegern höhere Zinsen als die Banken, die ihre Einlagenzinsen den tatsächlichen Erträgen anpassen, so werden die Einleger zu den "go for broke" Instituten wechseln.

Ebenso werden sich die Kreditnehmer bei den "go for broke" Instituten finanzieren, die dort einen günstigeren Kreditzins erhalten als bei den Banken, welche deren Qualität identifiziert und als Risikoprämie im Kreditzins berücksichtigt haben. Es kommt zum Prozess der Adversen Selektion bei den Banken, d.h. die "go for broke" Institute drängen die Banken mit höheren Labelling-Niveaus aus dem Markt.

Es bestehen aber auch für wettbewerbsfähige Banken Moral Hazard Anreize. Da die Erträge aus der Vergabe von hochverzinsten Krediten, -an Kreditnehmer deren Qualität nicht identifiziert ist-, an die Banken gehen und mögliche Verluste auf die Versicherungsinstitutionen und Einleger abgewälzt werden.

2.1.1 "Go-for-broke" und zweifache Adverse Selektion

Ein Bankensystem ohne Zinssatzregulierung und ohne eine geeignete Bankenüberwachung, aber mit einer institutionalisierten Einlagenversicherung, beinhaltet Anreize für "go for broke"-Strategien bei Banken. Auch wenn die Banken infolge ihrer Erträge beim Traditional Banking nicht in der Lage sind, wettbewerbsfähige Einlagenzinsen zu zahlen, können sie den Einlegern hohe Zinszahlungen anbieten, um die derartig erworbenen Einlagen in risikoreiche Kredite zu investieren.

Banken, die diese "go for broke" Strategie verfolgen, werden im Extremfall keine Ressourcen in das Screening investieren R = 0: Die Screeningkosten werden minimiert und gleichzeitig Kredite zu Zinssätzen vergeben, die den bankoptimalen Zins übersteigen. Dabei wird nicht der Erwartungsertrag (B), sondern lediglich der höchstmögliche Ertrag (A) berücksichtigt.

Die Informationsproduktion der "go for broke" Banken ist nicht wettbewerbsfähig, ihr Labelling-Niveau ermöglicht keine Ertragserhöhung durch die Erhöhung der Rückzahlungswahrscheinlichkeit ihrer Kredite (steigende Screeningerträge, die in der formalen Analyse durch einen steigenden *a* Anteil ausgedrückt werden). Diese Banken zielen auf eine Überschuss-Maximierung durch die Reduzierung des Ressourceneinsatzes R, d.h. ihrer Screeningkosten. Das Niveau des Labelling konvergiert langfristig gegen Null.

Zugleich können diese Institute ihre Strategie exzessiver Einlagenzinsen nur aufrechterhalten, wenn sie den höchstmöglichen Ertrag (A) aus der Kreditvergabe erzielen. "Go for broke" Strategien beinhalten so die Gefahr einer zweifachen Adversen Selektion:

Einerseits bei den Kreditnehmern. Da die "lemon" Kreditnehmer infolge ihrer geringen Rückzahlungswahrscheinlichkeit bereit sind, höhere Kreditzinsen zu zahlen.

Andererseits innerhalb des Bankensystemes. Wettbewerbsfähige Banken werden durch Einlagenabzüge und die damit verbundene Unterbrechung profitabler Aktivitäten aus dem Markt gedrängt.[139]

Die mögliche Adverse Selektion bei den Banken, das exzessive Risiko der "go-for-broke" Institute und die Erhöhung des Anteiles der finanzierten "schlechten" Kreditnehmer (1-a)[140], erhöhen die Gefahr von Bankinsolvenzen und gefährden die Stabilität des Bankensystemes.

Fehlallokationen von Einlagen resultieren daraus, dass die Transformation der Einlagen in Kredite nicht von den Banken realisiert wird, welche die Intermediation auf "information intensive" Märkten am effizientesten gewährleisten, d.h. bei einem gegebenem Ressourceneinsatz das höchste Labelling-Niveau erzielen und damit den höchsten Anteil an "guten" Kreditnehmern finanzieren, sondern von "go-for-broke" Banken, welche die Einlagen an die Kreditnehmer weiterleiten, die bereit sind die höchsten Kreditzinsen zu zahlen.

---

139 vgl. Vives; Matutes 1992
vgl. Vives 1990/a, S.11

140 Analog zur Reduzierung der Kreditnehmer vom Typ a.

2.1.2 Einlagenfinanzierung für "lemon-loans"

Die Transformation von Einlagen in Kredite erfordert von den Banken neben der Informationsproduktion und -verarbeitung auch die Festlegung risikoadäquater Einlagenzinsen.[141] Infolge der Informationsasymmetrie besitzen die Banken Anreize, Ertragserhöhungen nicht durch die Anpassung der Einlagenzinsen an die Einleger weiterzugeben.[142]
Im Unterschied zur "go for broke" Strategie kennen diese Banken das Risiko der Kredite, d.h. sie haben vor der Kreditvergabe Ressourcen in das Screening investiert. Aufgrund der Informationsasymmetrie besitzen diese Institute Anreize zur "hidden action", d.h. bei gegebenem Einlagenzins die riskoreichen Kredite durch Einlagen zu finanzieren, oder bei einem variablen Zins den Einlagenzins nicht dem Ertrag anzupassen.
Die Moral Hazard Anreize werden durch die Einlagenversicherung unterstützt, da bei der "flat-fee-insurance" der Preis für die Versicherung der Einlagen ab einem bestimmten Risiko unterbewertet ist. Aufgrund der Informationsasymmetrie gehen hohe Erträge, d.h. die bei Erfolg der risikoreichen Kreditvergaben realisierten Risikoprämien, an die Bank und mögliche Verluste werden auf die Versicherungsinstitute oder die Einleger abgewälzt.[143]
Trotz eines hohen Labelling-Niveaus kann es auf diese Weise zu schlechten Kreditqualitäten kommen, da die Banken ihre Kreditvergabe auf die Risikoprämien ausrichten.

2.2 Nontraditional Banking

Auch beim Nontraditional Banking kann es zur Adversen Selektion bei den durch Einlagen finanzierten Krediten kommen. Gleichzeitig resultieren aus der erhöhten Flexibilität beim Banking Moral Hazard Anreize.

---

141 vgl. Krasa; Villamil 1992
142 vgl. Hubbard 1991, Chapter 11, S.14f
143 vgl. Diamond; Dybwig 1986, S.59
vgl. Hubbard 1991; Chapter 11, S.14f

2.2.1 Verbriefung versus Einlagenfinanzierung

Wie unter dem Aspekt des Securitization-Prozesses beschrieben, besteht ohne die Existenz von Regulierungen die systematische Tendenz zur Verbriefung von Krediten guter Qualität und zur Finanzierung der "lemon"-Kredite durch Einlagen. Über die Prämie der Einlagenversicherung kann der "tradeoff" zwischen Securitization und Einlagenfinanzierung beeinflusst werden. Die Einlagenversicherung bietet den Einlegern/ Investoren einen Risikoschutz, der über das Eigenkapital der Bank hinausgeht. Gleichzeitig wird der Preis der Einlagenversicherung und damit der Einlagenzins durch eine "flat-fee" Einlagenversicherung unabhängig von der Erfolgswahrscheinlichkeit des Kreditnehmers.
Durch künstlich günstige Versicherungsprämien kann die Einlagenversicherung die durch den Securitization-Prozess realisierten Kostenvorteile bei den Informations- und Finanzierungskosten überkompensieren: Eine unterbewertete Einlagenversicherung führt zu sinkenden Kosten für das Traditional Banking. Die Banken müssen die Einleger einerseits nicht mehr für Kreditrisiken oder Risiken eines geringen Eigenkapitales kompensieren; andererseits sind die Kosten für die Einlagenversicherung unterbewertet. Das Verhältnis zwischen Einlagenfinanzierung und Verbriefung ist daher abhängig von der Prämie für die Einlagenversicherung. Unterbewertete Einlagenversicherungen durch staatliche Beihilfen sind eine mögliche Erklärung für die Dominanz der Einlagenfinanzierung.[144] Eine unterbewertete Einlagenversicherung führt zu einer Kostensenkung bei der Einlagenfinanzierung von Krediten: Damit sinkt der relative Nutzen des Nontraditional Banking, d.h. der Nutzen aus der Unabhängigkeit von der Einlagenfinanzierung infolge des Nontraditional Banking.
Da die "flat-fee"-Einlagenversicherung ab einem bestimmten Risiko unterbewertet ist, besitzen die Banken bei einer subventionierten Einlagenversicherung Anreize, die Ressourcen von R auf R^- zu reduzieren, um die Screeningkosten zu senken. Diese Strategie ermöglicht den Banken eine Erhöhung ihres Überschusses, ohne das der Anteil der identifizierten Kreditnehmer erhöht wird. Das sinkende Labelling-Niveau entspricht einem Anstieg des Pooling und damit einem Rückgang der Securitization, was zu einer Erhöhung der Einlagenfinanzierung von Krediten führt.

---

144 vgl. Greenbaum; Thakor 1987, S.5

Graphik 19: Unterbewertete Einlagenversicherung

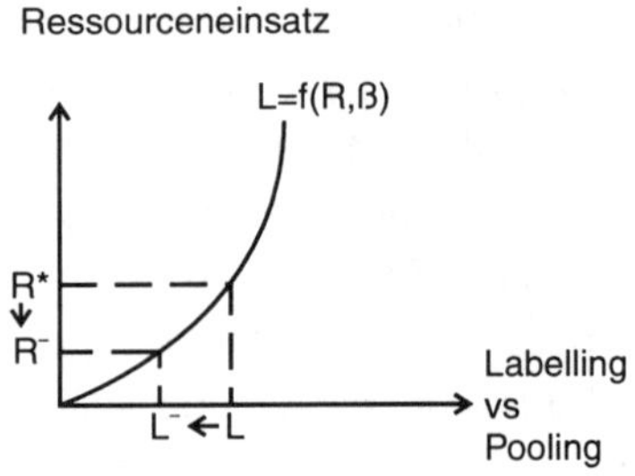

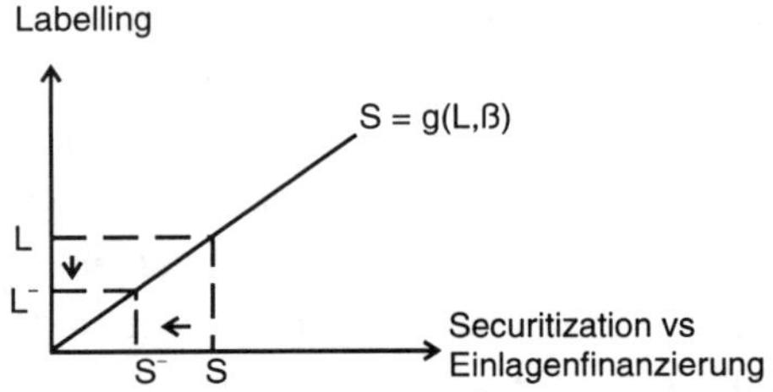

Dagegen steigt die Attraktivität des Nontraditional Banking bei steigenden Prämien für die Einlagenversicherung: Ohne eine unterbewertete Einlagenversicherung kommt es bei den Krediten, die durch Einlagen finanziert werden, zur Adversen Selektion. Die Durchschnittsqualität der durch Einlagen finanzierten Kredite sinkt durch die Securitization von guten Krediten.

Die Securitization offeriert den Banken die Möglichkeit einer positiven Selektion. Dadurch, daß nur riskante und nicht identifizierte Kredite durch Einlagen finanziert werden, können mögliche Verluste auf die Versicherungsinstitute und die Einleger abgewälzt werden.[145]

Die Prämie der Einlagenversicherung ist daher ein zentrales Regulierungsinstrument zur Steuerung des "tradeoff" zwischen Securitization und Einlagenfinanzierung. Durch die Variation der Prämien kann die Durchschnittsqualität, der durch Einlagen finanzierten Kredite, beeinflusst werden.

145 Gleichzeitig haben die Banken infolge der Informationsasymmetrie Anreize, die Erträge der riskanten Kredite nicht in Form risikoadäquater Einlagenzinsen weiterzugeben.

Als eine marktgesteuerte Begrenzung der bestehenden Anreize zur Adversen Selektion bei den durch Einlagen finanzierten Krediten kann die Bedeutung der Bank-Kunden-Beziehung und der Reputation der Bank interpretiert werden.

2.2.2 Reputation und mehrdeutige Kontraktklauseln

Mehrdeutige Kontraktklauseln und unspezifizierte Vereinbarungen in Finanzkontrakten, obwohl eine Spezifizierung möglich ist, werden als "ambiguity" bezeichnet. In der Praxis stellen derartige Kreditvereinbarungen den Normal-fall dar.[146]

Unspezifizierte Vereinbarungen ermöglichen den Banken einen erhöhten Nutzen ihrer Reputation und damit eine höhere Flexibilität. In der Reputation der Bank drückt sich die Einschätzung der Marktteilnehmer bezüglich der Wahrscheinlichkeit, dass die Bank ihre Verbindlichkeiten erstattet, aus. Je besser die Reputation der Bank ist, um so höher ist der Wert der von der Bank gewährten Garantien und damit die in Quadrant III der graphischen Analyse dargestellte Erhöhung der Qualität der Aktiva durch Bankgarantien. Die Reputation der Bank stellt damit, wie die Reusability, ein nichtbilanziertes Aktivum dar.[147]

In den Ratings spiegelt sich die Reputation der Banken, welche die Aktiva verkaufen oder verbriefen, wider. D.h. eine hohe Reputation führt über ein verbessertes Rating, was sich in einer Drehung der Funktion BAQ = h(S,ß) nach BAQ = h(S,ß$^+$) ausdrückt, zu einer Steigerung der Qualität der Bankaktiva.

Die Reputation erhöht die Flexibilität der Bank, da diese Zahlungsansprüche verweigern und Reputation anstelle von finanziellen Mitteln "investieren" kann. Auf diese Art können Banken ihre Solvenz und die Wiederverwendbarkeit vorhandener Informationen erhalten. Die unspezifizierten Vereinbarungen sind somit eine Option zur Kostenreduzierung.

Die erhöhte Flexibilität stellt somit auch einen Anreiz für die Aufnahme von Risiken dar, da aufgrund der "ambiguity" die Bank bei Kreditverlusten Reputation anstelle von Eigenkapital "opfern" kann. Banken besitzen auch infolge mehr-

146 vgl. Boot; Greenbaum; Thakor 1990
147 vgl. Allen 1990

deutiger Kontraktklauseln Anreize, Verluste auf die Versicherungsinstitutionen und die Einleger abzuwälzen.[148]

3 Regulierungen, Banking und Bankaktivaqualitäten

Interessenkonflikte zwischen Banken und Einlegern und von Regulierungen ausgehende Anreize zur Adversen Selektion und zum Moral Hazard beeinflussen das Banking und damit die Bankaktivaqualitäten.

3.1 Traditional Banking

Kapitel B hat gezeigt, wie die Banken durch komparative Informationsvorteile die Qualität ihrer Kreditvergabe und damit ihre Aktivaqualität erhöhen. Die Banken, deren Labelling nicht wettbewerbsfähig ist, besitzen Anreize ihren Ertrag durch die Senkung der Screeningkosten oder die Aufnahme von exzessiven Risiken zu steigern. Wie in den ersten Punkten dargestellt unterstützen Informationsasymmetrien zwischen Banken und Einlegern und die von Regulierungen ausgehenden Anreize diese Strategien.
Die Institute besitzen Anreize im Zuge von "go for broke" Strategien ihre Screeningkosten zu senken. In der graphischen Analyse drückt sich der geringe Ressourceneinsatz der "go for broke" Institute in einem sinkenden Labelling-Niveau, geringen Aktivaqualitäten und hohen Insolvenzrisiken aus.

---

148 vgl. Boot; Greenbaum; Thakor 1990

Graphik 20 "Go for broke"

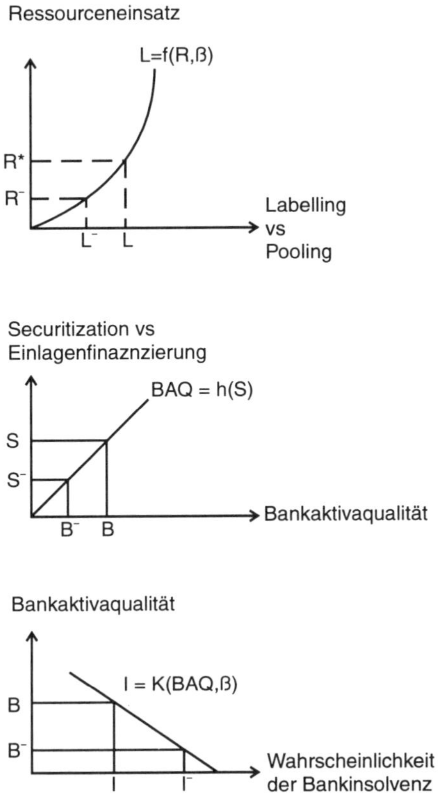

Auch wenn die Banken ein hohes Labelling-Niveau realisiert haben, kann es zu schlechten Kredit- und damit schlechten Bankaktivaqualitäten kommen. Wie in Punkt 2.1 beschrieben unterstützt die Einlagenversicherung die Anreize zur Allokation von Einlagen auf risikoreiche Kredite. Und dies obwohl die Banken infolge ihres Labelling-Niveaus die Risiken kennen. Graphik 21 verdeutlicht die Auswirkungen dieser Strategie auf die Bankaktivaqualität.

Graphik 21: Die Finanzierung von "lemon"-Krediten durch Einlagen

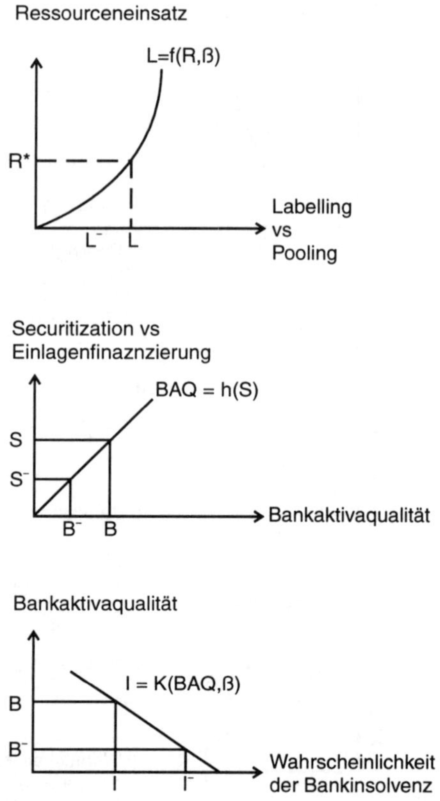

Trotz des hohen Labelling-Niveaus kommt es durch Moral Hazard Anreize, wie bei "go for broke" Strategien, zu geringen Bankaktivaqualitäten und steigenden Insolvenzrisiken.

3.2 Nontraditional Banking

Das Nontraditional Banking ermöglicht den Banken neben der Senkung der Informationskosten die Verbesserung ihrer Bankaktivaqualitäten. Der Securitization-Prozess und der Verkauf von Krediten führen über eine systematische Positivauslese zu einer Erhöhung des Anteils der identifizierten guten Kapitalnehmer. Zusätzlich ermöglicht die Weiterverarbeitung der Aktiva eine Erhöhung der Aktivaqualität. Graphik 14 zeigt den Zusammenhang zwischen Nontraditional Banking und der Bankaktivaqualität.

Graphik 14: Quadrant III; (S,BAQ,ß)

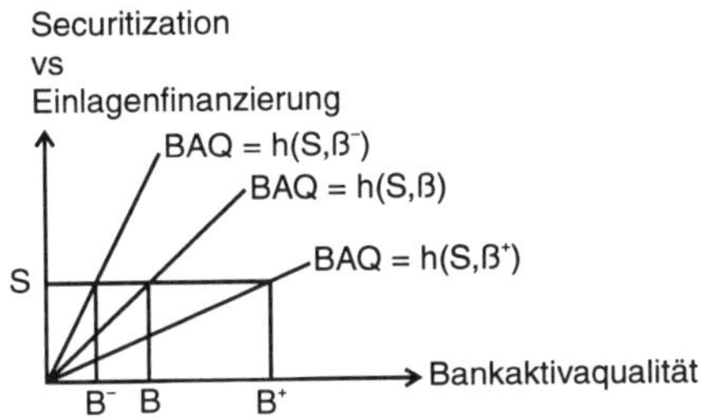

Auch unter Berücksichtigung der beschriebenen Regulierungen ist das Nontraditional Banking für die Banken von besonderer Bedeutung. Der Verkauf der verbrieften Aktiva an Nichtbanken ermöglicht es den Banken, diese Aktiva aus ihrer Bilanz zu entfernen und auf diese Weise die Regulierungen, welche an die Bilanzaktiva geknüpft sind, zu umgehen. Das Kapital, das die Banken durch den Verkauf dieser Aktiva erhalten, unterliegt weder Kapital- und Reserveerfordernissen noch sind Prämien für die Einlagenversicherung zu entrichten.[149]

Die Kehrseite der Positivauslese bei den "off balance sheet" Aktiva ist die sinkende Durchschnittsqualität bei den in der Bankbilanz verbleibenden, durch Einlagen finanzierten Aktiva.[150]

Durch Eingriffe in das Regulierungssystem kann der "tradeoff" zwischen verbrieften und durch Einlagen finanzierten Aktiva beeinflusst werden. Werden die Prämien für die Einlagenversicherung gesenkt, verschieben sich die Kosten-

149 vgl. Hubbard 1991, Chapter 11, S.35
vgl. Saunders 1994

150 vgl. Stiglitz 1975

strukturen zugunsten der Einlagenfinanzierung. Auf diese Weise wird die durchschnittliche Qualität der durch Einlagen finanzierten Kredite erhöht. Die Opportunitätskosten für die Verbriefung von Krediten steigen, was die Banken beim Risiko-Prämien-Schema, welches sie den Kreditnehmern anbieten, berücksichtigen. Schliesslich werden auch die Kreditnehmer mit hohen Erfolgswahrscheinlichkeiten die Einlagenfinanzierung wählen, wenn die Kreditkosten bei einer Finanzierung durch Einlagen geringer sind, als bei der Verbriefung ihrer Kredite.

Ohne derartige Interventionen wird es jedoch aufgrund der Regulierungen zur Verstärkung der Negativauslese bei den durch Einlagen finanzierten Aktiva kommen. Gegenstand des nächsten Gliederungspunktes ist der Zusammenhang zwischen dieser sytematischen Verschlechterung der Qualitäten der nicht marktfähigen Aktiva und der Wahrscheinlichkeit von Bankinsolvenzen.

4 Regulierungen, Banking und Insolvenzrisiken

Dieser Punkt dient der Analyse des Zusammenhanges zwischen der Verschlechterung der in der Bilanz gehaltenen Aktiva und der Wahrscheinlichkeit von Bankinsolvenzen. Dabei werden als Ursachen für eine Verschlechterung der Aktivaqualitäten sowohl die dargestellten Anreize als auch rezessive Wirtschaftsentwicklungen berücksichtigt.

Ein Kennzeichen der US-Krise der 30er Jahre war das Zusammentreffen von Bankinsolvenzen und rezessiver Wirtschaftsentwicklung. Das Finanzsystem und die Wirtschaftsentwicklung hatten beide ihren Tiefpunkt im März 1933.[151]

Im Rahmen dieser Arbeit lassen sich zwei Ansätze für die Erklärung des Zusammenhanges zwischen Finanzsystem und Wirtschaftsentwicklung unterscheiden: Zunächst besteht ein direkter Zusammenhang zwischen einer Rezession und der Qualität der Bankaktiva. Die Rezession führt zu einer direkten Erhöhung der Kreditnehmerinsolvenzen und damit zu einer Senkung der Rückzahlungswahrscheinlichkeiten. Graphisch wird dieser Zusammenhang in

151 Der in der Wirtschaftsliteratur dominierende Erklärungszusammenhang zwischen der Finanzkrise und der Wirtschaftsentwicklung liegt auf der Betonung der von der Bankenkrise ausgehenden Wirkung auf das Geldangebot.
vgl. Friedman; Schwartz 1963

Quadrant IV dargestellt. In den USA hat sich im Zuge der Schuldenkrise der 30er Jahre das Verhältnis zwischen Kreditaufwendungen und "national income" von 9 Prozent 1929 auf 19,8 Prozent 1933 verschlechtert. Zugleich kam es zu einem Wertverfall bei den Sicherheiten der Kreditnehmer.[152]
Aber auch die Effizienz der Informationsproduktion und -verarbeitung wird durch eine Wirtschaftskrise beeinträchtigt. Die Erhöhung der Informations-, Kontroll-, Kontrakt- und Suchkosten, d.h. der Agency Kosten durch eine sinkende Reusability und Durability drückt sich in einer Drehung der Funktion $L = f(R,ß)$ nach $L = f(R,ß^-)$ in Quadrant I aus.
Als Gesamtheit erklärt dies die von wirtschaftlichen Krisen ausgehenden "Beschleunigungseffekte". Sinkende Eigenkapitalhöhen und Sicherheiten bei den Kreditnehmern, begleitet von steigenden Agency Kosten führen zu einer systematischen Verschlechterung der Aktiva. Die Auswirkungen von Wirtschaftskrisen auf die Qualität der Bilanzaktiva und damit auf die Insolvenzwahrscheinlichkeit sind umso schwerwiegender, je geringer die Durchschnittsqualität der in der Bilanz gehaltenen Aktiva zu Beginn der Krise ist. Genau an dieser Stelle ist der Einfluss der aus Regulierungen und dem Nontraditional Banking resultierenden Negativauslese zu berücksichtigen. Die dargestellte Negativauslese senkt die Durchschnittsqualität der in der Bilanz gehaltenen Aktiva. Dies führt im Fall von Wirtschaftskrisen zu einem erhöhten Insolvenzrisiko und damit zu der Erfordernis von neuen Regulierungsformen, die der Entwicklung des Bankings gerecht werden.[153]

Zusammenfassend ist festzuhalten, dass trotz der in Kapitel B beschriebenen Vorteile der Banken bei der Informationsproduktion und -verarbeitung und der daraus resultierenden Verbesserung der Qualitäten der Bankaktiva, Gefahren für die Stabilität des Bankensystemes und für eine effiziente Kapitalallokation bestehen:
Informationsasymmetrien zwischen Banken und Einlegern/ Investoren stellen für die Banken eine Vielzahl von Anreizen für die Aufnahme und Allokation von Risiken dar. Dabei sind Regulierungen, insbesondere die Einlagenversi-

---

152 Durch die Schuldeninflation ist zum Beispiel der Preis des Farmlandes gesunken.
vgl. Bernanke, 1983

153 vgl. Bernanke 1983
vgl. Hoshi; Scharfstein 1989
vgl. Hoshi; Scharfstein 1990

cherung, für die Risikowahl und die Aufteilung der Risiken zwischen Banken, Einlegern, Investoren und Versicherungsinstitutionen von zentraler Bedeutung. Abschliessend ist infolge der Komplexität der auf das Banking einwirkenden Anreize die Notwendigkeit einer über die dargestellten Regulierungsformen hinausgehenden Bankenüberwachung, d.h. die Erfordernis einer weiterentwikkelteren Bankenkontrolle zu betonen. Der Übertrag dieser -auf dem Grundmodell aufbauenden- Anreizstrukturen auf die US-amerikanische S&L-Krise und den Entwicklungstendenzen des europäischen Bankwesens steht im Mittelpunkt des abschließenden Kapitels.

D Entwicklungstendenzen in Europa

In diesem Kapitel werden, in Anlehnung an die in der formalen Analyse dargestellten Zusammenhänge, die Gemeinsamkeiten und die Unterschiede zwischen der Entwicklung im angelsächsischen Bankenwesen und den Entwicklungstendenzen des europäischen Bankensystemes herausgearbeitet. Hierfür wird zunächst gezeigt, dass nicht nur die Entwicklungen vom Traditional zum Nontraditional Banking, sondern auch die Beobachtungen im Zuge der US-"thrift"-Krise den im Modell dargestellten Zusammenhängen entsprechen: Deregulierungen, steigender Wettbewerb, die gesamtwirtschaftliche Entwicklung und die Bankaufsicht stehen in direktem Zusammenhang mit den Insolvenzrisiken der Banken.
Darauf aufbauend werden die Besonderheiten im Zuge des europäischen Integrationsprozesses dargestellt. Der Integrationsprozess, regionale Unterschiede bei der Struktur und der Bedeutung der Banken, nationale Interessen und Schwachpunkte bei der Bankaufsicht bilden ein eigenes Anreizmuster für das europäische Banking. Der Vergleich der aus dem europäischen Anreizmuster resultierenden "Zukunft des europäischen Bankensystemes" mit den Entwicklungen im angelsächsischen Bereich erfolgt im Schlusspunkt.

1 US-Erfahrungen

1.1 Deregulierungen, "safety net" und "go for broke"

Als auslösender Faktor für die Deregulierung des US-Bankwesens wird die Zinsdifferenz zwischen den Geldmarktfonds und den zinsregulierten Bankeinlagen zu Beginn der 70er Jahre erachtet. Diese Differenz wurde durch das hohe Zinsniveau infolge der Inflation weiter vergrössert. Die hohen Zinsen der Fonds (MMF), die für Bankeinleger steigende Opportunitätskosten bedeutet haben und die aus der wachsenden Bedeutung des "commercial-paper"-Marktes resultierende Disintermediation führten zu der Notwendigkeit einer Reformierung des Regulierungsgefüges, um die Stabilität des Bankensystemes zu erhalten.[154]

---

154 vgl. Vives 1990/a
vgl. Dewatripont; Tirole 1994

Zinsderegulierungen, die Erlaubnis von zwischenstaatlichen Bankenfusionen und Zweigstellennetzen sowie die Erweiterung der Tätigkeitsbereiche waren die Folgen.[155] Seit 1983 können die Institute ihre Einlagenzinsen marktgerecht bestimmen. Dies war der Startschuss für einen aggressiven Wettbewerb um Einlagen.[156]

Gleichzeitig wurden die Kapitalerfordernisse der S&L Institute reduziert.[157] Dies geschah zu einem Zeitpunkt sinkender Eigenkapitalraten aufgrund der Verschlechterung der Bankaktivaqualitäten durch die gesamtwirtschaftliche Rezession. Die Deregulierung hat den Banken die Erhöhung der Einlagenaufnahme in einer Periode ermöglicht, in der die Eigenkapitalpositionen der "thrifts" sich dramatisch verschlechtert haben.[158] Zugleich hat die "flat fee"-Einlagenversicherung die Moral Hazard Anreize und damit "go for broke" Strategien und den exzessiven Wettbewerb unterstützt.

Für die Banken, die beim Traditional und Nontraditional Banking nicht wettbewerbsfähig waren, war die Einlagenaufnahme durch das Angebot hoher Zinsen und die Allokation dieser Einlagen auf riskante Kredite die letzte Möglichkeit zur Vermeidung der Insolvenz. Einlagen wurden zur Finanzierung von nicht identifizierten Kreditnehmern, die bereit waren, hohe Zinsen zu zahlen, verwendet: Der Anteil der Investitionsprojekte mit geringer Erfolgs- und Rückzahlungswahrscheinlichkeit stieg. Auf diese Weise kam es zur Negativauslese bei den Kreditnehmern und gleichzeitig durch das Angebot hoher Einlagenzinsen

---

155 Durch den "Depository Institutions Deregulation and Money Control Act" (DIDMCA) von 1980 und den "Garn-St. Germain Act" von 1982 wurde es den "thrifts" möglich, in ein breiteres Portfolio von Vermögensanlagen zu investieren.
vgl. Davis 1991, S.31

156 vgl. Shaffer 1994

157 In den USA kann zwischen drei grossen, das Einlagengeschäft betreibenden Organisationsformen unter-schieden werden: "commercial-banks", "thrifts" und "credit unions". Aus informationstheoretischer Sicht sind die Agency Probleme der "thrifts" besonders ergiebig, da "thrifts" durch die Genossenschaftsform organisiert sind, d.h. die Eigentümer der "thrifts" sind deren Kunden. Die Unternehmensform der sich in Privatbesitz befindenden "commercial-banks", ist ausschliesslich die Aktiengesellschaft. Bei "thrifts" verstärken sich die Agency Probleme, da der Markt für eine Unternehmenskontrolle fehlt und die Manager nicht so leicht zu ersetzen sind, wie dies bei den Managern einer Aktiengesellschaft möglich ist.

158 vgl. Davis 1991, S.47ff

zur Allokation von Einlagen auf "lemon"-Banken, d.h. zu der in Kapitel C beschriebenen zweifachen Adversen Selektion.[159]

Als die Zinssätze wieder gesunken waren, hatten sich die Banken in zwei Gruppen gespalten: Zum einen Institute, deren Erträge die Folge des Traditional und Nontraditional Bankings waren; und zum anderen Banken, deren finanzielle Position sich infolge exzessiver Risiken weiter verschlechtert hatte. Dabei war für das Ausmass der gesamtwirtschaftlichen Kosten, d.h. für die Dauer der exzessiven Risikoaufnahme, die Kombination aus der "flat-fee" Einlagenversicherung, unzureichender Bankaufsicht ("missing supervision"), Deregulierung und Rezession ausschlaggebend.[160]

1.2 Unzureichende Bankenüberwachung und Rezession

Wie in Kapitel C aufgezeigt, ist das Eigenkapital eine zentrale Grösse für die Kontrolle und Überwachung von Banken. Ein vorgegebenes Minimum wirkt in direkter und indirekter Weise: Erstens kann die Bank bei einem höheren Eigenkapitalanteil grössere Kreditverluste kompensieren, bevor es zur Insolvenz kommt. Zweitens hat der Bankeigentümer bei einem hohen Eigenkapitaleinsatz mehr zu verlieren, er wird also seine Risikobereitschaft bei Kreditvergaben senken und versuchen, bestehende Risiken geeignet zu bewerten.

Im US-amerikanischen Versicherungssystem sind Mindestanforderungen an die Eigenkapitalhöhe vorgesehen. Die Anforderungsvorschriften beziehen sich diesbezüglich auf Buchwerte. Für die Versicherer der Einlagen sind jedoch nicht die aufgeführten Buchwerte, sondern die tatsächlichen Marktwerte von Bedeutung.[161] Unter der Annahme, dass sich die Kreditinstitute ausschliesslich durch Depositen finanzieren, ergibt sich das Eigenkapital eines Kreditinstitutes als Saldo aus den Vermögenswerten auf der Aktivseite (vergebene Kredite) und den Verbindlichkeiten gegenüber den Einlegern (Depositen). Erfolgt die Bilanzierung der Vermögenswerte in Form nicht angepasster, stati-

---

159 vgl. Dewatripont, Tirole 1994

160 vgl. Vives 1990/a
vgl. Matutes; Vives 1992

161 Die Anforderungsvorschriften bestehen aus den General Accepted Accounting Principles (GAAP) und den weniger strengen Regulatory Accounting Principles (RAP).

scher Buchwerte, kommt es zu Unterschieden zwischen Buch- und Marktwerten und für die Versicherer zu Informationsproblemen. Diese Informationsasymmetrie hat es den Bankmanagern ermöglicht, zu Zeitpunkten, in denen die Marktwerte die Buchwerte überstiegen haben, Verkäufe als Gewinne auszuweisen. Waren die Marktwerte geringer als die Buchwerte, wurden die historischen Buchwerte von den Bankmanagern beibehalten und so Verluste verdeckt.[162]
Insolvente Kreditinstitute konnten sich durch die Überbewertung nach aussen als solvent darstellen.[163] Durch die Überbewertung sind die Kreditinstitute den Eigenkapitalvorschriften, die bei einem Unterschreiten der Mindestanforderungen einsetzen, entgangen. Die Überbewertung der Vermögensgegenstände hat diesen Instituten die Erfüllung der Mindestanforderungen und damit ein schnelleres und grösseres Wachstum ermöglicht. Die Auswirkungen der Mängel des Buchführungssystemes wurden durch die Reduzierung der Eigenkapitalanforderungen und der Bankprüfungen ausgebaut. Dieses Prinzip der Banküberwachung wird auch als "capital forbearance" (Geduld) Strategie bezeichnet. Insolventen Instituten wurde so die Fortführung ihrer Tätigkeiten in der Hoffnung auf Besserung ermöglicht. "Thrifts", welche de facto insolvent waren, hatten in der Bilanz positive Eigenkapitalwerte und dadurch die Möglichkeit, durch exzessive Risikoaufnahme wieder solvent zu werden.[164]
Erforderliche Schliessungen oder Umstrukturierungen insolventer "thrifts" wurden durch die mangelhaften Buchführungsgrundsätze verhindert. Die illusorischen Eigenkapitalpositionen haben lange zur Unterschätzung des gesamtwirtschaftlichen Ausmasses der Insolvenzen der "thrift"-Industrie geführt. Hunderte tatsächlich insolventer Institute konnten ihre Tätigkeit fortführen, was zu zusätzlichen gesamtwirtschaftlichen Verlusten geführt hat.[165]

Neben der Operationalisierungsproblematik bezüglich des Eigenkapitales kam es zur Verschlechterung der Bankaktivaqualitäten durch die Rezession der US

162 Ein derartiger Umgang mit nicht angepassten Buchwerten wird als "gains-trading" bezeichnet. Im Zuge des Competitive Equality Banking Acts von 1987 wurden zwar die 1980 eingeführten Regulatory Accounting Principles (RAP) von den Generally Accepted Acounting Principles (GAAP) abgelöst, aber das Problem der Operationalisierung von Buch- und Marktwerten nicht gelöst.
163 vgl. Davis 1991, S.47
164 ebenda
165 vgl. Davis 1991, S.47ff

Wirtschaft von Anfang 1981 bis Ende 1982. Die Verschlechterung der Qualität der Bankaktiva durch vermehrte Kreditausfälle, sinkende Kollaterale und die Reduzierung der Reusability und Durability war das Ergebnis.[166] Gleichzeitig waren die "thrifts" durch die kurzfristige Kapitalaufnahme und die Kapitalvergabe zu langfristigen, fixen Zinssätzen einem erheblichen Zinsänderungsrisiko ausgesetzt.[167]

1.3 Insolvenzen und Strukturwandel im US-Bankensystem

Auch die in Kapitel B dargestellten Zusammenhänge zwischen der Wirtschaftsentwicklung und der Wahrscheinlichkeit von Bankinsolvenzen werden durch die "thrift"-Krise bestätigt. Von 1955-81 ergab sich in den USA ein jährlicher Durchschnitt von 5,3 Bankinsolvenzen. In der Periode von 1982 bis 1990 betrug der jährliche Durchschnitt 131,4. Die Insolvenzen der "thrifts" haben sich vorrangig auf Regionen konzentriert, die durch ein relativ geringes Wirtschaftswachstum gekennzeichnet waren. Im Südwesten der USA hat sich die Rezession über einen Grossteil der 80er Jahre erstreckt. Das Resultat der Krise war die Insolvenz der FSLIC, die von der FDIC übernommen wurde und eine riesige Rechnung für die US-Steuerzahler. Steigende Versicherungsprämien sowie die Erhöhung der Kapitalerfordernisse und der Bankkontrollen waren Reaktionen auf die Krise.[168]
Mit Hilfe der FDIC wollte die Regierung einer möglichen Kontraktion des Geldangebotes im Zuge der Krise des Bankensystemes vorbeugen. Dabei lassen sich die "purchase and assumption (or merger)"-Methode und die "payoff"-Methode unterscheiden. Bei der "merger"-Methode wird eine Bank gesucht, die bereit ist, die Aktiva und die Verbindlichkeiten der insolventen Bank gegen eine Kompensationszahlung zu übernehmen. Bei der "payoff"-Methode verkauft die

166 ebenda
167 Stark ansteigende Zinssätze bedeuten eine relativ grössere Abnahme des Gegenwartswertes der Aktivposten gegenüber dem Gegenwartswert der kurzfristigeren Verbindlichkeiten.
168 vgl. Vives 1990
vgl. Vives 1990/a, S.13
vgl. Kareken 1992, S.318
vgl. Dewatripont, Tirole 1994

FDIC die Aktiva der insolventen Bank und zahlt, falls Mittel übrig bleiben, die unversicherten Einleger aus.[169]

Der durch die Krise initiierte Wandel in der Struktur des US-Bankensystemes ist seit Mitte der 70er Jahre durch folgende Entwicklungen charaktersisiert: Die Anzahl der unabhängigen Banken ist von 12400 im Jahr 1976 auf 10300 im Jahr 1987 gesunken. Gleichzeitig haben die Multi-Bank-Unternehmen die Anzahl der Banken unter ihrer Kontrolle beinahe verdoppelt (von 2300 im Jahr 1976 auf 4500 im Jahr 1987). Die einhundert grössten Banken haben ihren Anteil an den Industrieaktiva von 50 Prozent im Jahr 1977 auf 62 Prozent im Jahr 1987 erhöht.[170]

Die US-Erfahrungen verdeutlichen, wie es bei einer Konstellation aus Deregulierung, "flat-fee" Einlagenversicherung, Rezession und mangelhafter Bankaufsicht zu Adverse Selektion und Moral Hazard Anreizen kommen konnte.[171]

---

169 Die Methoden unterscheiden sich darin, dass bei der "merger"-Methode die Verluste von der Regierung übernommen werden und bei der "payoff"-Methode die unversicherten Einleger die Verluste tragen. Bei der "payoff"-Methode steigt daher die Wahrscheinlichkeit von "runs"; wenn die Einleger glauben, daß die Regierung die "payoff"-Methode anwendet. Der Zinssatz, den die Einleger von den Banken mit riskanten Kreditportfolios fordern, hängt auch von den Erwartungen bezüglich der Methode ab.
vgl. Davis 1991, S.40f

170 vgl. Davis 1991, S.32

171 vgl. Llewellyn 1990

2 Integration des europäischen Bankensystemes

Im Gegensatz zum angelsächsischen Bankensystem sind in Europa nicht Finanzinnovationen, wie geldmarktnahe Fonds, ursächlich für den Deregulierungsprozess, sondern die europäische Integration. Trotz dieses Unterschiedes im auslösenden Moment kommt es auch in Europa zu einer Kombination aus Deregulierung, Rezession und einer unzureichenden Bankaufsicht. Das europäische Bankensytem ist zusätzlich durch Anreize infolge nationaler Unterschiede gefährdet. Europaweit abweichende, nationale Strukturen bei den Finanzsystemen und die daraus resultierenden Regulierungsunterschiede bedingen Nebeneffekte. Hierbei sind Moral Hazard- und Anreize zur Negativauslese, Beschränkungen der Tätigkeitsbereiche, Monopolerträge und ineffiziente Serviceleistungen hervorzuheben.
Das Verständnis der Interdependenz zwischen den vom Integrationsprozess, von nationalen Unterschieden und von der europäischen Bankaufsicht ausgehenden Anreizen ist die Grundlage für ein geeignetes europäisches Regulierungssystem. Nachfolgend werden die von diesen Aspekten ausgehenden Anreize im Vergleich mit den Zusammenhängen der vorangegangenen Kapitel analysiert. Aufbauend auf dem Anreizmuster der europäischen Banken werden die Entwicklungen in Europa mit den Entwicklungen im angelsächsischen Bankenwesen verglichen.

2.1 Integrationsprozess

Das Ziel der Verträge zur Gründung der europäischen Wirtschaftsgemeinschaft (EWG) ist die Transformation der isolierten nationalen Märkte in einen gemeinsamen Markt[172]. Hierfür lassen sich eine Vielzahl restriktionenabbauender Deregulierungen aufführen.[173] Die Tätigkeit der Gemeinschaft umfasst auch

---

172 EWG Vertrag, Erster Teil: Grundsätze, Artikel 2

173 Bevor später auf die spezielle Bankenregulierung eingegangen wird, wird der zurückgelegte Weg der Einigung grob skizziert:
1957: Unterzeichnung der Verträge zur Gründung der Europäischen Wirtschaftsgemeinschaft (EWG) und der Europäischen Atomgemeinschaft in Rom.
1962: Einigung des Ministerrats auf die Grundsätze einer gemeinsamen Agrarpolitik.

die Errichtung eines Gefüges, das den Wettbewerb innerhalb des gemeinsamen Marktes vor Verfälschungen schützt.[174] Dennoch ist das europäische Bankensystem trotz des zurückgelegten Weges der Einigung, insbesondere bezüglich der Niederlassung und des Angebotes von Serviceleistungen innerhalb der Mitgliedsländer[175], weit von einem gemeinsamen Markt entfernt. Dies verdeutlichen die geringen durchschnittlichen Marktanteile ausländischer Banken in EU-Ländern. Mit Ausnahme von Luxemburg und Grossbritannien beträgt der durchschnittliche Marktanteil ausländischer Banken in EU-Mitgliedsländern nur 11,7 Prozent.[176] Ursächlich hierfür sind weiterbestehende Unterschiede bei Bankenregulierungen im engeren Sinne, wie Minimumkapitalerfordernisse, Einlagenschutz, Solvenz- und Liquiditätsraten oder Regulierungen, die das Banking indirekt beeinflussen, wie Steuerunterschiede, Kapitalverkehrsbeschränkungen oder die Bankaufsicht.

1968: Vollendung der Zollunion mit Abschaffung aller Zölle zwischen den Mitgliedsstaaten und Einführung eines gemeinsamen Außenzolls.
1972: Einigung auf zusätzliche gemeinschaftliche Aktionsfelder: Regional-, Umwelt-, Energiepolitik.
1973: Beitritt Dänemarks, Irlands, Großbritanniens.
1979: Inkrafttreten des Europäischen Währungssystems (EWS) durch den Europäischen Rat.
1981: Beitritt Griechenlands.
1986: Beitritt Spaniens und Portugals.
1988: Einigung des Europäischen Rates in Brüssel über die Vorschläge der Kommission zur Reform der Agrar- und Strukturpolitik sowie zur Schaffung eines neuen Systemes der Gemeinschaftsfinanzierung ("Delor-Paket").
1989: Einigung des Europäischen Rates, unumkehrbare Schritte auf dem Weg zur Wirtschafts- und Währungsunion einzuleiten.

174 EWG Vertrag, Erster Teil: Grundsätze, Artikel 3

175 vgl. EWG Vertrag, Art.:48 [Freizügigkeit der Arbeitnehmer], 49 [Maßnahmen zur Herstellung der Freizügigkeit], 52 [Abbau der Beschränkungen des freien Niederlassungsrechts], 53 [Keine neuen Niederlassungs-beschränkungen], 54 [Programm zur Aufhebung der Beschränkungen], 59 [Freier Dienstleistungsverkehr], 60 [Dienstleistungen], 61 [Dienstleistungen im Verkehr und Kapitalverkehr], 67 [Freier Kapitalverkehr], 71 [Weitere Liberalisierung des Kapitalverkehrs]
vgl. Clarotti 1984, S.199ff
vgl. Baltensperger; Dermine 1987
vgl. Mayer 1990
vgl. Vives 1990/b, S.404-406
vgl. Vives 1990/a

176 vgl. Vives 1990/a
vgl. Vives 1990/b, S.406

Bis zum 01.01.1993 haben sich beispielsweise die Minimumkapitalerfordernisse von Belgien mit etwa einer Millionen ECU erheblich von den Erfordernissen in Italien mit etwa 16 Millionen ECU unterschieden.[177] Reaktionen waren bilaterale Vereinbarungen und Markteintrittsschranken.
Auch die Bandbreite bei der Einlagensicherung reicht von keiner Einlagensicherung in Portugal und Griechenland über eine Einlagensicherung kleiner 20 000 Ecu in Spanien, Belgien, Luxemburg, Irland, Niederlande bis zu einer Einlagensicherung von mehr als 20 000 Ecu in den anderen EU-Ländern. Die an die Einlagensicherung geknüpften Prämien offenbaren die daraus resultierenden Kostenunterschiede. Schon diese beiden Beispiele verdeutlichen das Ausmass verbleibender Regulierungsunterschiede und erklären, warum trotz der Vielzahl von Liberalisierungsmassnahmen der Wettbewerb weitgehend ausgeblieben ist.[178]
Aufgrund der Beeinträchtigung des Bankings und der Entwicklung des gemeinsamen Bankenmarktes durch Regulierungsunterschiede lassen sich bezüglich der Integration des europäischen Bankensystemes drei Phasen unterscheiden:[179]
Die erste Phase umschliesst die Liberalisierungsbestrebungen von 1957 bis Ende der 80er Jahre. Diese Phase ist durch eine Vielzahl von Deregulierungen charakterisiert, die jedoch durch Ausnahmegenehmigungen, wie bei der Liberalisierung des Kapitalverkehrs, keinen entscheidenden Einfluss auf den europäischen Bankenwettbewerb und die Veränderung der Bankenstrategien haben.[180]

---

177 vgl. Clarotti 1984, S.200
178 Rat und Europäisches Parlament haben sich im April 1994 auf eine Richtlinie geeinigt. EU-weit werden Einlagen bei Kreditinstituten bis zu 20 000 Ecu geschützt.
vgl. Handelsblatt vom 15/16.04.1994 S.1
vgl. Baltensperger; Dermine 1987
vgl. Vives 1990/a
179 Die Definition der drei Phasen bezieht sich auf die vom Deregulierungsprozeß ausgehenden Integrationswirkungen. Wird die Deregulierung in den Mittelpunkt der Betrachtung gestellt bieten sich folgende Phasen an:
1957-1973 Deregulierung;
1973-1983 Harmonisierung;
1983- Vervollständigung der gemeinsamen Bankenregulierung.
vgl. Baltensperger; Dermine 1990, S.17-36
180 vgl. Kareken 1992

Die zweite Phase geht unmittelbar aus der ersten hervor. Das Ausmass der Deregulierungen und der gemeinsamen Richtlinien bezüglich der Bankenzulassungen reicht nun aus, um die Banken zu einer Veränderung ihrer Strategien zu veranlassen. Auch wenn der Wettbewerb nicht perfekt ist, so ist diese Phase dadurch charakterisiert, dass die Banken ihre Strategien von nationalen, konzertierten Preisfestsetzungen und kollusiven Vereinbarungen auf den Wettbewerb ausrichten. Dies entspricht der jetzigen Situation des europäischen Bankenmarktes.[181]
Die dritte Phase ist durch die Existenz eines gemeinsamen Bankenmarktes definiert. Im Rahmen dieser Arbeit wird der Bankenmarkt als gemeinsam erachtet, wenn die Integration so weit fortgeschritten ist, dass nationale Insolvenzen infolge der für das Bankensystem charakteristischen "Ansteckungsgefahr" auch eine Bedrohung für andere Mitgliedsländer darstellen.[182]
Das "Monitoring the European Integration", d.h. die Europaweite Bankaufsicht muss den einzelnen Phasen gerecht werden. In der jetzigen Phase zwei, in welcher die Banken ihre Strategien von kollusiven Vereinbarungen auf Wettbewerb ausrichten, ist der europäische Bankenmarkt durch eine Vielzahl segmentierter Märkte gekennzeichnet. Zugleich steigen die Anteile der von den Banken gehaltenen ausländischen Aktiva und das Ausmass der Unternehmenszusammenschlüsse innerhalb des europäischen Bankensystemes.[183]
Dies verdeutlicht, dass trotz einer verbleibenden Segmentierung das Bankensystem infolge steigender Verflechtungen zunehmend grenzüberschreitenden, systematischen Risiken ausgesetzt wird.
Die von der europäischen Integration ausgehenden Anreize auf das Banking werden daher unterteit in erstens: aus Deregulierungen resultierende Anreize zur Veränderung der Strategien von kollusiven Absprachen zum Wettbewerb; zweitens: Anreize durch regionale Unterschiede und drittens: Anreize, die aus der gegenwärtigen europäischen Bankaufsicht resultieren.

181 vgl. Vives 1990/a
vgl. Vives 1990/b
182 vgl. Vives; Chiaporri; Mayer; Neven 1991
183 vgl. Vives; Chiaporri; Mayer; Neven 1991, S.73

2.2 Wettbewerb versus kollusive Absprachen

Der Haupteffekt der Integration ist bislang die Veränderung der Bankenstrategien von kollusiven Vereinbarungen und regulatorischen Zwängen hin zu Wettbewerbsstrategien. In der Vergangenheit wurde die nationale, kollusive Zusammenarbeit in Europa durch ein Regulierungssystem, das die Margen des Traditional Banking erhöht und den Markteintritt der ausländischen Konkurrenz verhindert hat, verstärkt. Konzertiertes Preisfestsetzen führte, wie Zinsregulierungen, durch Absprachen bezüglich der Einlagen- und der Kreditzinssätze, zu einem Umfeld künstlich erhöhter Erträge.[184] Zugleich bieten gemeinsame Absprachen im Vergleich zur Zinsregulierung den Vorteil einer flexiblen Anpassung an die Marktbedingungen.[185]

Im Zuge der europäischen Integration schwinden regulatorische Zwänge und damit die Basis für kollusive Vereinbarungen. Deregulierungen und neue Informationstechnologien legen die Ertragsspannen innerhalb des internationalen Bankings offen. Spekulatoren und Investmentgesellschaften erzielen durch Auslandsanlagen hohe Erträge und zwingen die Banken zum Nachziehen. Immer mehr Banken brechen aus dem historischen, kooperativen Verhaltensmuster aus und schaffen so die künstlichen Erträge ab.[186]

Die Erhöhung des Wettbewerbs führt zu einer weiteren Reduzierung der Spanne zwischen Einlagen- und Kreditzins. Wettbewerbsfähige Banken werden sich weiter auf ihre komparativen Vorteile spezialisieren. Das Nontraditional Banking ist dabei selbst Ursache und Wirkung einer stärkeren Marktorientierung. Dagegen werden die Banken, die beim Traditional- und Nontraditional Banking nicht konkurrenzfähig sind, ihre Risikobereitschaft erhöhen. Dies wird den Instituten durch Finanzinnovationen erleichtert.

184 vgl. Mason; Fabritius 1992, S.311-313
185 vgl. Baltensperger; Dermine 1987, S.90
186 Seit 1987 besteht in Spanien Freiheit bei der Einlagenzinssetzung. In Spanien ist wie in den USA eine Zweiteilung bei den Strategien offensichtlich: Während die Großbanken versucht haben, das Niveau der Einlagenzinsen weiterhin niedrig zu halten, haben vor allem ausländische Banken und inländische Banken mit begrenztem Zweigstellennetz "go for broke" Zinssätze angeboten.
vgl. Vives 1990/a, S.14
vgl. Vives 1990/c, S.19
In Bezug zum Schweizer Bankensystem:
vgl. Mason; Fabritius 1992, S.311-313

Beide Gruppen werden nach Ansätzen zur Milderung der mit dem Übergang von gemeinsamen Absprachen zum Preiswettbewerb verbundenen Härten suchen. Die wahrscheinlichsten Entwicklungen werden im folgenden Punkt vorgestellt.

2.3 Übernahmetransaktionen

Die Ausrichtung der Strategien von kollusiven Verhalten auf Wettbewerb infolge des Abbaues von Monopolerträgen darf nicht mit perfektem Wettbewerb verwechselt werden. Die Bedeutung verbleibender Regulierungsunterschiede und anderer Marktein- und -austrittsschranken ist dafür verantwortlich, dass es nicht zum perfekten Wettbewerb kommt.

Monopolerträge haben zu einer Finanzstruktur geführt, die durch übermässige Zweigstellensysteme und Ballungen in den Marktzentren charakterisiert ist. Diese Ausgangssituation führt bei einer Deregulierung der Einlagenzinsen zu einem ansteigenden Preiswettbewerb. Damit steigen für Banken die Anreize, sich von ihren Konkurrenten zu differenzieren. Der Prozess, sich von der Konkurrenz abzuheben, oder der Versuch, die Konkurrenz aus dem Markt zu drängen, ist kostspielig. Zudem kann die Insolvenz von Konkurrenten infolge von Informationsasymmetrien, Vertrauensverlusten und systematischen Krisen auf den Aggressor zurückschlagen.

Eine Alternative sind Übernahmetransaktionen (M&A-Aktivitäten). Durch M&A's kann die Diversifikation und Effizienz verbessert und die Marktmacht der beteiligten Institute erhöht werden. Für ausländische Banken können Übernahmen, insbesondere bei Existenz übergrosser Zweigstellennetze, die einzige Möglichkeit sein, in neue Märkte einzutreten.[187] Möglichkeiten für Übernahmetransaktionen ergeben sich auch als Folge des steigenden Wettbewerbes, wenn ineffiziente[188] Banken aus dem Wettbewerb gedrängt werden. Eine derartige Umstrukturierung und finanzielle Sanierung ineffizienter

187 vgl. Coyle 1993, S.41ff

188 Ausgehend vom formalen Modell werden Banken als ineffizient erachtet, wenn bei konstantem Ressourceneinsatz R* das Labelling den Banken keine wettbewerbsfähige Ertragsrate bei Kreditvergaben ermöglicht.

Banken kann die Stabilität des Finanzsystemes unterstützen.[189] Zudem wird den Banken die Aufrechterhaltung von kollusiven Vereinbarungen innerhalb weniger Grossbanken erleichtert.[190]

Das Bestreben, den Wettbewerb zu mildern und in ausländische Märkte einzutreten, bildet auch für "cross- participation-agreements" die Grundlage. Diese Vereinbarungen sind dadurch charakterisiert, dass Banken in verbundene Institute investieren, um die Kooperation auszubauen, Eintritt in bestehende Zweigstellensysteme zu erhalten und "economies of scale and scope" zu realisieren. Mit dieser Entwicklung, auf die in Punkt 5 näher eingegangen wird, unterscheidet sich das europäische Bankensystem wesentlich von der angelsächsischen Konkurrenz.[191] Vor den Entwicklungsunterschieden sind jedoch die europaspezifischen Anreize für das Banking infolge regionaler Unterschiede und der europäischen Bankaufsicht aufzuzeigen.

3 Regionale Unterschiede

Gegenwärtig besteht der europäische Bankenmarkt aus einer Vielzahl segmentierter Märkte. In einem System nationaler Bankenmärkte sind unterschiedliche Regulierungsstrukturen und Wirtschaftsentwicklungen tolerierbar. Bei einem gemeinsamen Bankenmarkt führen Regulierungsunterschiede und unterschiedliche gesamtwirtschaftliche Entwicklungen zu divergierenden Anreizen für das Banking und zu Gefahren für die Stabilität des Bankensystemes.[192]

---

189 In diesem Fall ersetzen M&A's als Marktlösung die als Folge der "thrift-crisis" von der FDIC eingeführte "purchase or assumption" Methode.

190 vgl. Shaffer 1994

191 vgl. Vives 1990/c, S.24f
vgl. Saunders 1990
vgl. Handelsblatt 18.01.1994, S.10

192 vgl. Vives; Chiaporri; Mayer; Neven 1991, S.79

3.1 Regulierungen

Nachfolgend wird der Zusammenhang zwischen Regulierungsunterschieden und den Anreizen für das Banking aufgezeigt. Regulative Interventionen zum Schutz der Einleger und der Stabilität des Bankensystemes lassen sich nicht von den Besonderheiten der nationalen Bankensysteme trennen.[193] Beispielsweise drücken divergierende Einlagenversicherungssysteme einerseits nationale Unterschiede in der Struktur des Finanzsystemes aus und implizieren gleichzeitig verschiedene Anreizstrukturen für das Banking. Im Gegensatz zu den USA wurden die Einlagenversicherungssysteme in Europa erst in den späten 70er Jahren gegründet. In Belgien, Frankreich, Deutschland und Italien wird die Einlagenversicherung privat und generell in der Form von Bankenverbindungen arrangiert. In Grossbritannien wird der Einlagenschutz durch den "Deposit Protection Board" und in Spanien durch eine ähnliche öffentliche Institution erfüllt.

Neben unterschiedlichen Mindestschutzhöhen umfassen beispielsweise italienische und deutsche Einlagensicherungen Einlagen in ausländischer Währung, die anderen nicht. Dagegen beinhalten alle Einlagensicherungssysteme die Einlagen, die von Ausländern gehalten werden und die inländischen Filialen ausländischer Banken. Aber nur die Einlagensicherung in Belgien, Italien und Deutschland umfasst auch die Filialen inländischer Banken im Ausland.[194] Das ungewöhnliche hieran ist, dass derartige Regulierungsunterschiede der Öffentlichkeit weitgehend unbekannt sind. Eine mögliche Erklärung für dieses mangelnde Interesse ist die Verfahrensweise, mit der in Europa Bankinsolvenzen behandelt werden: Regierungen und Steuerzahler bürgen für die Banken.

Wie bereits angesprochen, resultieren die Regulierungsunterschiede aus den unterschiedlichen Strukturen der Finanzsysteme. Dabei muss entweder jede Finanzierungsfunktion (Geschäftsbanken, Investmentbanken, Lebensversicherer, Fond-Management, Wertpapierhandel) von einer separaten Institution gewährleistet werden oder im anderen Extremfall können alle Finanzierungsfunktionen in der Hand einer Institution liegen. Die daraus resultieren-

---

193 Das spanische Bankensystem verfügte 1987 über 16500 Zweigstellen, das westdeutsche über 6600. Daraus resultiert eine Kundenzahl je Filiale von 2342 in Spanien und 9252 in Westdeutschland.
vgl. Vives; Chiaporri; Mayer; Neven 1991, S.87ff

194 vgl. OECD 1987 in: Vives; Chiaporri; Mayer; Neven 1991, S.84f

den unterschiedlichen Versicherungs- und Kostenstrukturen beeinflussen ebenfalls die Entwicklung des Bankings. Kapitel B hat dies anhand der Wirkung der Prämie der Einlagenversicherung für den "tradeoff" zwischen Securitization und Einlagenfinanzierung gezeigt.

3.2 Inflation und Wirtschaftsentwicklung

Zu divergierenden Anreizen für das Banking kommt es auch durch Unterschiede bei den gesamtwirtschaftlichen Entwicklungsverläufen. Makroökonomische Entwicklungen beeinflussen das Banking über eine Vielzahl von Kanälen. Eine Rezession wirkt zunächst direkt auf die Qualität der Bankaktiva. Wie in Quadrant IV dargestellt, kommt es infolge der Qualitätsverschlechterung bei den Aktiva zu einer Erhöhung bei der Insolvenzwahrscheinlichkeit der Bank. Durch die negative Wirkung einer Rezession auf die Aktivseite der Bankbilanz sinken auch die Ressourcen, die der Bank für das Screening zur Verfügung stehen. Die Folge kann ein reduzierter Ressourceneinsatz und damit ein sinkendes Labelling-Niveau sein: Die Screeningerträge der Banken sinken. Die Anzahl der Banken, deren Erträge des Traditional Bankings nicht mehr wettbewerbsfähig sind, steigt und damit verbunden die Anzahl der Institute mit Anreizen zur exzessiven Risikoaufnahme.[195]

Diese Anreize werden durch eine Inflation verstärkt. Auf der Suche nach höheren Erträgen entziehen immer mehr Einleger den Banken ihre Depositen und suchen nach höherverzinslichen Anlageformen. Damit kommt es auch auf der Finanzierungsseite zu Kostenerhöhungen.[196]

Von derartigen Veränderungen bei der Aktiv- und Passivstruktur gehen auch Anreize für das Nontraditional Banking aus. Die Möglichkeit, infolge des Nontraditional Banking die Aktiva nach der Securitization zu verkaufen, bietet den Banken Unabhängigkeit von wirtschaftlichen Schwankungen, von Zins-, Währungs-, Liquiditäts- und Kreditrisiken sowie von der Einlagenfinanzierung.

Europaweit divergierende Wirtschaftsentwicklungen und unterschiedliche Preisniveaustabilitäten führen damit auch zu unterschiedlichen Anreizen für

---

195 Die Anreize für Mergers und Akquisitionen steigen ebenfalls.

196 vgl. Boyd; Gertler 1994, S.7
vgl. Economist 30.04.1994, S.10

das Banking: Regionale Unterschiede beeinflussen die Entscheidung zwischen Traditional Banking, Nontraditional Banking und "go for broke". Die aus den unterschiedlichen Anreizen resultierenden Gefahren für die Stabilität des Bankensystemes sind in Phase drei, d.h. bei Existenz eines gemeinsamen, europäischen Bankenmarktes, besonders gross.

3.3 Nationale Anreize

Neben den von Wirtschafts- und Regulierungsunterschieden ausgehenden, divergierenden Anreizen kommt es beim europäischen Integrationsprozess auch zu der Gefahr, dass nationale Regulierer mit in den Bankenwettbewerb einbezogen werden. Die Richtlinie der europäischen Komission sieht die Anwendung der Prinzipien des Heimatlandes bezüglich Bankaufsicht und der Billigung des Bankings in Verbindung mit den Prinzipien der Gastländer bei der Einlagenversicherung und Liquiditätssteuerung vor.[197] Dies stellt für nationale Regulierer Anreize für die Schaffung eines liberalen Umfeldes dar. Heimischen Instituten werden regulative Wettbewerbsvorteile verschafft, wobei die Kosten einer möglichen Krise zunächst die ausländischen Steuerzahler treffen. Die gegenwärtige Richtlinie aus Minimumstandards[198] und Harmonisierung[199] gibt den nationalen Regulierern keine geeigneten Anreize für eine Internalisierung der aus den Regulierungen resultierenden Kosten. Neben einer liberalen Haltung bei den eigenen Instituten besteht auch die Gefahr von Markteintritts- und damit Wettbewerbsschranken im Namen des nationalen Interesses. Ausnahmeregelungen, die von der EU für Sonderfälle vorgesehen sind, können auf diese Weise missbraucht werden. Gleichzeitig können nationale Restriktionen

---

197 vgl. Monatsberichte der Deutschen Bundesbank, Januar 1993, S.35ff
vgl. Llewellyn 1988

198 Wie die Schaffung einer Eigenmittel-Richtlinie oder die Angleichung des Mindestkapitals für Kreditinstitute auf einheitlich 5 Millionen ECU.

199 In Zukunft gibt es den sogenannten "europäischen Paß". Dies bedeutet, daß Banken ohne besondere Genehmigung in anderen EG-Ländern Dienstleistungen anbieten und Zweigstellen gründen können. Die laufende Tätigkeit der Zweigstellen in den anderen EG-Ländern wird grundsätzlich nur durch das Heimatland kontrolliert. vgl. Monatsberichte der Deutschen Bundesbank, Januar 1993, S.36

den Eintritt ausländischer Banken durch Übernahmetransaktionen verhindern.[200]

In diesem Kontext ist es erforderlich, eine Struktur der Bankaufsicht zu schaffen, die eine Internalisierung der durch nationale Regulierungen verursachten Kosten gewährleistet.

4 EU-Bankaufsicht

In Europa erwachte das öffentliche Interesse an der Bankaufsicht nach einigen grösseren Bankzusammenbrüchen in den Jahren 1973/74.[201] Die Zentralbankpräsidenten der Zehnergruppe[202] setzten 1974 den Ausschuss für Bankenbestimmungen und -überwachungen, auch Cooke-Ausschuss genannt, ein. Er wurde 1989 in den Baseler Ausschuss für Bankaufsicht umbenannt und soll eine internationale Kooperation der Banküberwachung ermöglichen.[203] Die europäischen Richtlinien orientieren sich weitestgehend an der Baseler-Empfehlung.

Dabei ist die Bankaufsicht im Vergleich zur konventionellen Bankenregulierung durch zusätzliche Instrumente wie Bankenzulassung, Beschränkungen bei der Haltung von Aktiva und Bankinspektionen charakterisiert.[204] Wie bei den in Kapitel C vorgestellten Massnahmen der Bankenregulierung sind auch die Nebeneffekte dieser Aufsichtsinstrumente zu analysieren.

Die Entwicklung der Bankenüberwachung des Baseler Ausschusses kann in drei Phasen unterteilt werden: Zunächst die Phase des Informationsaustausches. Der Austausch von Informationen dient dem Verständnis von Entwick-

---

200 Ein Beispiel ist die kollusive Abschottung des französischen Bankensektors gegenüber Barclays.
vgl. Economist 30.04.1994, S.39
vgl. Vives 1990/a, S.15

201 Franklin National Bank in New York; Herstatt Bank in Deutschland.
vgl. Hayward 1992, 185-187

202 Die Zehnergruppe ist als informeller Zusammenschluss der zehn wichtigsten Industrieländer entstanden (USA, Deutschland, Japan, Frankreich, Grossbritannien, Italien, Kanada, Niederlande, Belgien, Schweden).

203 Im "Baseler Konkordat" wurden 1975 die Grundsätze für die Beaufsichtigung ausländischer Niederlassungen zusammengefasst.
vgl. Deutsche Bundesbank 1992, S.168ff

204 vgl. Gardener 1992, S.156-158

lungen auf nationalen Bankenmärkten und bei nationalen Regulierungen. Die zweite Phase dient der Optimierung der praktischen Banküberwachung und die dritte Phase der Einführung von Richtlinien.[205] Die Harmonisierung der europäischen Bankaufsicht basiert auf der Zweiten Bankrechtskoordinierungs-Richtlinie und der Eigenmittel-Richtlinie.

4.1 Harmonisierung der nationalen Bankaufsichten

Nachfolgend wird die Umsetzung der europäischen Richtlinien in nationales Recht am Beispiel Deutschlands beschrieben. Das Gesetz über das Kreditwesen (KWG) ist die rechtliche Grundlage der deutschen Bankaufsicht.[206] Ziel dieses Gesetzes ist es, die Funktionsfähigkeit des Bankgewerbes zu sichern.[207] Dem KWG unterliegen alle Unternehmen, die Bankgeschäfte in einem Umfang betreiben, der einen in kaufmännischer Weise eingerichteten Geschäftsbetrieb erfordert.[208] Mit der Vierten Novelle des Kreditwesengesetzes werden die Zweite Bankrechtskoordinierungs-Richtlinie und die Eigenmittel-Richtlinie in deutsches Recht umgesetzt. Infolge der Umsetzung der Zweiten Bankrechtskoordinierungs-Richtlinie gibt es für europäische Kreditinstitute in der Zunkunft den "europäischen Pass". Dies bedeutet, dass eine Zweigstelle in einem anderen EU-Land weder eine Zulassung noch Dotations-

---

205 vgl. Hayward 1992, S.185-187

206 Nach Kriegsende wurde die Bankaufsicht zunächst auf Länderebene betrieben; erst mit Erlass des Gesetzes über das Kreditwesen vom 10. Juli 1961 gab es eine bundeseinheitliche Regelung. Die Sofort-Novelle von 1976 beschränkte sich auf die Schliessung der beim Zusammenbruch des Bankhauses I.D. Herstatt im Jahr 1974 besonders offenkundig gewordenen Bankaufsichtslücken. Die KWG Novelle, welche am 1. Januar 1985 in Kraft trat, führte ein bankaufsichtliches Zusammenfassungsverfahren (Konsolidierung) neben der bestehenden Einzelaufsicht ein. Durch die am 1. Januar 1993 in Kraft getretene 4. KWG Novelle wurden im wesentlichen zwei Richtlinien der Europäischen Wirtschaftsgemeinschaft (EWG), die 2. Bankrechtskoordinierungsrichtlinie und die Eigen-mittelrichtlinie in deutsches Recht umgesetzt.

207 Das Bundesaufsichtsamt übt die Aufsicht über die deutschen Kreditinstitute aus und arbeitet dabei, nach Massgabe des KWG, mit der Deutschen Bundesbank zusammen.
vgl. §6 und 7 KWG

208 Ob sich das Kapital in aus- oder inländischem Besitz befindet, ist ohne Belang.

kapital[209] benötigt und EU-weit von der zuständigen Behörde des Heimatlandes -in diesem Fall von der deutschen Bankaufsicht- überwacht wird.
Für die Zulassung von Bankgeschäften in der Gemeinschaft ist ein Mindesteigenkapital im Gegenwert von 5 Millionen ECU erforderlich. Der Eigenkapitalbegriff wurde durch die Eigenmittel-Richtlinie vereinheitlicht. Bei dem haftenden Eigenkapital wird zwischen Eigenkapital höchster Qualität, dem Kernkapital[210] und Eigenkapital minderer Qualität, dem Ergänzungskapital[211] (oder erweiterten Eigenkapital) unterschieden. Nach Grundsatz I des KWG müssen die Risikoaktiva eines Kreditinstitutes zu mindestens acht Prozent mit haftendem Eigenkapital unterlegt sein.[212] Ein Koeffizient, der die nach der EU-Solvenzrichtlinie gewichteten Aktiva in Beziehung zum Bank-Eigenkapital setzt, wird als Massstab für die Solvabilität[213] verwendet.[214] Die Eigenmittel[215] bilden den Zähler des Solvabilitätskoeffizienten und die Summe der risikogewichteten Aktiva ergibt den Nenner. Zu den Risikoaktiva zählen Kredite, Wertpapiere, Beteiligungen, Termingeschäfte und Optionsrechte. Die Kredite werden nach Risikogruppen gewichtet.[216] Kredite an die inländische öffentliche Hand und an öffentliche Stellen bestimmter Staaten werden als risikofrei angesehen.[217]

---

209 Eine Kapitalausstattung durch die öffentliche Hand.
210 Offene Rücklagen, eingezahltes Kapital, Vermögenseinlagen stiller Gesellschafter.
211 Genussrechtskapital, nicht realisierte Reserven, nachrangige Verbindlichkeiten.
212 Was unter haftendem Eigenkapital zu verstehen ist, ist in §10 KWG definiert.
213 Als Solvabilität wird die von der Zusammensetzung des Versicherungsbestandes abhängige Relation zwischen Prämien und Schäden (Risiken) einerseits und Eigenkapital andererseits bezeichnet.
214 Richtlinie 89/647/EWG des Rates vom 18. Dezember 1989 über einen Solvabilitätskoeffizienten für Kreditinstitute. Mit Wirkung vom 01.01.1993 ist der Koeffizient ständig in Höhe von mindestens 8% zu halten.
215 Das eingezahlte Kapital, Rücklagen, Fonds für allgemeine Bankrisiken: Vgl. Richtlinie 89/299/EWG des Rates vom 17 April 1989 über die Eigenmittel von Kreditinstituten, Artikel 2. Dagegen ist die Eigenkapitaldefinition der Deutschen Bundesbank in §10 KWG aufgeführt.
216 Grundsatz Ia des KWG begrenzt die mit Preisrisiken behafteten offenen Positionen eines Kreditinstitutes auf 42 % des haftenden Eigenkapitales.
217 Diese werden daher nicht bei der Berechnung des Solvabilitätskoeffizienten berücksichtigt. Finanz-Swaps, Termingeschäfte und Optionsrechte werden entsprechend ihrer Laufzeit in Kreditäquivalente umgerechnet.

Ein weiteres Instrument für die Bankaufsicht ist die Millionenkreditkontrolle.[218] Kredite, die drei Millionen DM oder mehr betragen, sind der Bundesbank anzuzeigen.[219] Das bankaufsichtliche Berichtssystem vertraut in hohem Masse darauf, dass die Angaben der Kreditinstitute richtig sind. Weder Bundesaufsichtsamt noch Bundesbank verfügen über eigene Jahresabschlussprüfer. Die Kreditinstitute werden durch die von ihnen gewählten unabhängigen Wirtschaftsprüfer geprüft.[220]

Bei unzureichendem Eigenkapital kann das Bundesaufsichtsamt Entnahmen durch die Inhaber oder Gesellschafter, die Ausschüttung von Gewinnen und die Gewährung von Krediten untersagen oder beschränken.[221] Diese Anordnungen dürfen erst getroffen werden, wenn das Kreditinstitut den Mangel nicht innerhalb einer vom Aufsichtsamt zu bestimmenden Frist behoben hat.[222]

Die Harmonisierung der bankenaufsichtlichen Vorschriften im Zuge der Vierten Novelle des Kreditwesengesetzes bedingt zudem eine intensivere Zusammenarbeit der Bankaufsicht innerhalb der EU.[223] Das Bundesaufsichtsamt und die Bundesbank, soweit diese im Rahmen des KWG tätig wird, sind verpflichtet, bei Aktivitäten von deutschen Kreditinstituten in einem anderen EU-Staat mit den Bankaufsichtsbehörden dieses Staates zusammenzuarbeiten.[224] Beispielsweise muss das Bundesaufsichtsamt die Bankaufsichtsbehörden in anderen EU Staaten unterrichten, wenn einem deutschen Kreditinstitut, das Zweigstellen in einem anderen EU-Staat unterhält, die Bankerlaubnis entzogen wird.[225] Bilaterale Vereinbarungen zwischen den Bankaufsichtsbehörden regeln nähere Einzelheiten der Zusammenarbeit.

---

218 Gemäß §14 KWG

219 Die Spitzeninstitute der Kreditinstitutsgruppen haben neben den eigenen Monatsausweisen quotal zusammengefaßte Monatsausweise für die Gruppe einzureichen. Ordnet die Bundesbank für Zwecke der monetären Analyse monatliche Bilanzstatistiken an, gelten diese, um den Banken Doppelarbeit zu ersparen, zugleich als Monatsausweise.

220 §44 Abs.1 KWG

221 §45 KWG

222 §45 Abs.2 KWG

223 Mit der Vierten Novelle des Kreditwesengesetzes werden EG-weit gleiche Regelungen für die Zulassung und laufende Beaufsichtigung von Kreditinstituten getroffen und ein einheitlicher Eigenkapitalbegriff eingeführt.
vgl. Monatsberichte der Deutschen Bundesbank; Januar 1993, S.35ff

224 §8 Abs.3 Satz 1 KWG

225 §8 Abs.3 Satz 3 KWG

4.2 Schwachpunkte

Im Gegensatz zum amerikanischen Regulierungssystem während der "thrift"-Krise ist die auf der Solvabilität aufbauende europäische Bankenregulierung risikobezogen. Die Gestaltung des wünschenswerten Ansatzes zur Internalisierung der mit der Risikoaufnahme verbundenen Kosten ist jedoch nicht ohne Nebeneffekte. Eine einheitliche, risikobezogene Europäische Eigenmittel-Richtlinie[226] führt durch nationale Unterschiede auch zu abweichenden Kostenstrukturen. Die Banken werden die Struktur des Eigenkapitales[227] und der Risikoaktiva an die neue Kostensituation anpassen.

Graphik 22: Struktur der Risikoaktiva[228]
(prozentual)

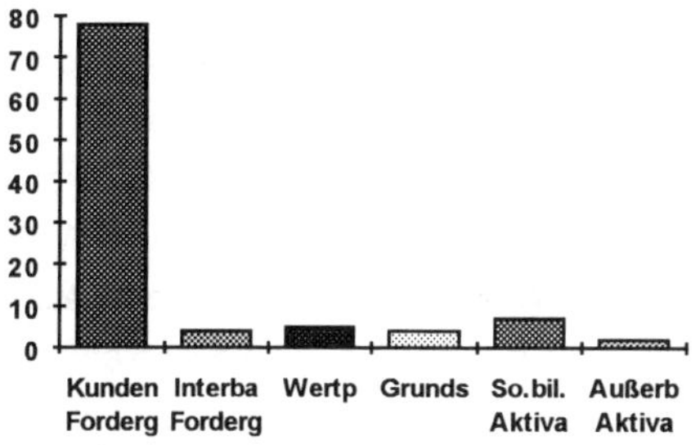

Um den Solvabilitätskoeffizienten zu verbessern, müssen das im Zähler stehende haftende Eigenkapital aufgestockt und/oder die sich im Nenner befindenden, gewichteten Aktiva abgebaut werden.[229]

---

226 Im Gegensatz zu den drei bisherigen Definitionen.
227 Das Basiseigenkapital oder Kernkapital besteht aus dem eingezahlten Geschäftskapital, den offenen Rücklagen, den Vermögenseinlagen stiller Gesellschafter, dem einbehaltenen Gewinn einschließlich Ergebnisvortrag, den Sonderposten für allgemeine Bankrisiken. Das erweiterte Eigenkapital I setzt sich unter anderem aus den Genußrechten, den Vorsorgereserven und den Vorzugsaktien zusammen. Das Erweiterte Eigenkapital II besteht aus nicht realisierten Reserven.
228 Analog zu den US-"thrifts" wurde die Risikoaktiva-Struktur der Kreditgenossenschaften gewählt.
vgl. Bundesverband der Deutschen Volksbanken und Raiffeisenbanken BVR 12/90
229 vgl. Coyle 1993, S.45

Öffentliche Anleihen werden nach der Solvabilitätsrichtlinie mit Null bewertet, d.h. sie finden im Nenner des Solvabilitätskoeffizienten keine Berücksichtigung; Forderungen der Bank an private Nichtbanken werden dagegen mit einhundert Prozent gewichtet und sind mit acht Prozent des als haftend geltenden Eigenkapitales abzusichern.

Die aus diesen Anreizen resultierende Reduzierung von hoch gewichteten Aktiva führt zwar zu einer Verbesserung des Solvabilitätskoeffizienten, aber gleichzeitig stellen die an die Nichtbanken-Kredite geknüpften Kapitalerfordernisse Anreize zur Abkehr von der Kreditintermediation auf "information intensive" Märkten dar. Auch wird durch die Solvabilitäts-Richtlinie die Kreditvergabe an die öffentliche Hand unterstützt, da diese Forderungen als risikolos definiert sind.[230] Diese Zusammenhänge verdeutlichen die aus der Solvabilitäts-Richtlinie resultierende Beeinflussung der Kapitalallokation.

Beim Strukturwandel des europäischen Bankensystemes kann es durch diese Kostensteigerung für das Traditional Banking zu einer Polarisierung wie in den USA kommen: Ein Teil der Banken wird sich auf die Informationsproduktion auf "information intensive" Märkten spezialisieren und Ressourcen in das Screening von Kreditnehmern investieren. Der andere Teil der Banken wird sich aus der Informationsproduktion und -verarbeitung zurückziehen. Während der Übergangsphase kann die Kostensteigerung infolge der SolvabilitätsRichtlinie zu einer steigenden Risikobereitschaft bei den nicht konkurrenzfähigen Instituten führen.

Eine weitere Gefahr stellt die europaweite Flexibilität bei bilateralen Vereinbarungen dar. Durch bilaterale Vereinbarungen bei bankaufsichtlichen Einzelheiten zwischen zwei Mitgliedsländern kann es zu nationalen Oligopolen kommen. Auch die Richtlinien bezüglich der Liquidität und der Schliessungsverfahren beinhalten Gefahren für die Stabilität des Bankensystemes und damit für die Kreditintermediation:[231] Erfüllen die Banken die Anforderungen an das Eigenkapital oder die Liquidität nicht, dürfen "penalty"-Anordnungen erst getroffen werden, nachdem das Institut trotz einer Frist zur Behebung der Mängel nicht die vorgegebenen Normen erreicht hat. Die Aufrechterhaltung eines derartigen Grundsatzes verdeutlicht, dass, wie bei der "thrift-crisis" in den USA, bei Nichterfüllung der Anforderungen kein konsequenter Lizenzentzug erfolgt. Vielmehr wird den in Not geratenen Instituten durch eine Politik der Geduld ei-

230 siehe Anhang, iv) Belege

231 §45 (1),(2); §46; §46 (a),(b),(c); §47 KWG

ne exzessive Risikoaufnahme ermöglicht. Dies kann zu der in Kapitel C beschriebenen Adversen Selektion bei den Banken und einer Ausweitung der gesamtwirtschaftlichen Verluste führen, wie es in den USA der Fall war.[232]
Die Schwachpunkte der europäischen Bankaufsicht verdeutlichen, dass gerade im Zuge der Harmonisierung, d.h. der Umsetzung der europäischen Richtlinien in nationales Recht, ein verstärkter Koordinationsbedarf besteht. Mögliche Lösungsansätze sind der Gegenstand des folgenden Punktes.

4.3 Anforderungsprofil einer europäischen Bankaufsicht

Für eine EU-weite Koordination der Bankaufsicht lassen sich mehrere Ansätze unterscheiden: zunächst ein Forum, das sich temporär zur Überwachung der nationalen Bankaufsichten und für Entscheidungen bei Streitfällen zusammenfindet. Solange die systematischen Risiken von Bankinsolvenzen auf die nationalen Bankenmärkte begrenzt sind, kann eine regelgebundene und durch ein Forum koordinierte EU-weite Bankaufsicht ausreichend sein.
Mit der Existenz eines gemeinsamen europäischen Bankenmarktes, d.h. der dritten Integrationsstufe, entspricht eine durch ein derartiges Forum koordinierte europäische Bankaufsicht nicht mehr den Anforderungen. Externe Effekte aus einer zu liberalen Regulierung, durch die für die Bankaufsicht zuständigen Heimatbehörden, beeinflussen dann auch die gastgebenden Bankenmärkte. Die Aufgabe der Bankaufsicht ist es daher eine Struktur zu schaffen, die eine Internalisierung der durch nationale Anreize verursachten Kosten gewährleistet und gleichzeitig Anreize für eine Kreditintermediation auf "information intensive" Märkten bietet.
Grundlage hierfür ist die Kenntnis der divergierenden, regionalen Anreizstrukturen und die Analyse der Auswirkungen von Regulierungen, Wirtschaftsentwicklungen, nationalen Anreizen und ungeeigneten Schliessungsverfahren.
Die dargestellte Vielfalt der Einflüsse des europäischen Integrationsprozesses auf die Anreize beim Banking erfordert eine weiterentwickelte Form der Koordination: Eine zentrale Bankaufsicht, die das Verhalten der nationalen Regulie-

---

232 Die hierbei verwendete Argumentation für eine Politik der Geduld erinnert an das Protektionismus-Argument von Friedrich List (Anmerkung des Verfassers).
vgl. Coyle 1993, S.53

rungsinstitutionen schon während des EU-weiten Harmonisierungsprozesses überwacht. Die nationalen Regulierungsinstitutionen müssen die Verantwortung für die Überwachung von Zulassungen, Kontrollen, Eigenkapitalerfordernissen und Interventionen innerhalb ihrer nationalen Bankenmärkte tragen, um EU-weiten Stabilitätskrisen vorzubeugen. Die Situation eines gemeinsamen europäischen Bankenmarktes erfordert daher eine zweistufige Bankenkontrolle, die zunächst auf nationaler Ebene die geeignete Anreizstruktur für das Banking gewährleistet und dann europaweit.[233]

Mögliche Instrumente sind die Prämie für die Einlagenversicherung und die Substituierbarkeit zwischen direktem Monitoring und Eigenkapitalerfordernissen. Basierend darauf, dass die Eigenkapitalerfordernisse und das Monitoring als Substitute für die Kontrolle der Risikoaufnahme wirken, können über sinkende Kapitalerfordernisse bei der Kreditvergabe auf "information intensive" Märkten Anreize für die Kreditintermediation geschaffen werden.

Ziel muss es sein, die bei der Solvabilität bestehende Eigenkapital-Gewichtung für Kredite an Nichtbanken durch ein direktes Monitoring zu reduzieren.[234]

Dabei sollte jede nationale Bankaufsicht in Abstimmung mit der zentralen europäischen Bankaufsicht über regelgebundene und und diskretionäre Interventionsmöglichkeiten verfügen. Eine regelgebundene bankaufsichtliche Regulierungsstruktur ist gerade beim Transformationsprozess der nationalen Bankenmärkte in das gemeinsame, europäische Bankensystem unersetzbar.[235]

Diskretionäre Interventionsmöglichkeiten als Ergänzung und gegebenenfalls als Substitut zu der regelgebundenen Bankaufsicht sind schon im Hinblick auf ihre kurzfristige Einsetzbarkeit bei der Begrenzung von "Ansteckungsgefahren" unerlässlich.

An dieser Stelle bietet es sich an, bankaufsichtliche Aufgaben auf die Europäische Zentralbank zu übertragen, da diese bereits die "lender of last resort"-Funktion erfüllt und wegen ihrer Nähe zu den Geschäftsbanken auch ein geeignetes Medium für deren Kontrolle sein könnte. Gegen eine derartige Verknüpfung spricht die Vielzahl der Anforderungen an die Bankaufsicht: Eine

---

233 Hierbei ist zu betonen, daß infolge der aufgezeigten Zusammenhänge die Existenz einer Zentralen Europäischen Regulierungsinstitution schon bei Abwesenheit einer einheitlichen europäischen Währung erforderlich ist.

234 vgl. Campbell; Chan; Marino 1992

235 Als gelungenes Beispiel kann die Umsetzung der EG-Richtlinien (Zweite Bankrechtskoordinierungs-Richtlinie, Eigenmittel-Richtlinie) angesehen werden.

Zentrale europäische Bankaufsicht muss sich, neben der Gestaltung von geeigneten Anreizmustern, auf das Monitoring der nationalen Bankenzulassungen, die Beaufsichtigung des Bankings und auf die Schliessungsverfahren insolventer Institute konzentrieren. Nur durch die Gestaltung geeigneter Anreizstrukturen können mögliche Risiken für die Einleger und das europäische Bankensystem vermieden werden.

Ein weiterer Grund für die Trennung der Institutionen ist der wichtige Unterschied zwischen der "lender of last resort"-Funktion und dem Gläubigerschutz. Die "lender of last resort"-Funktion betrifft die Liquiditätsversorgung von Banken; die Einlagensicherung konzentriert sich auf die Insolvenzsituation. Die beschriebenen US-Erfahrungen bezüglich der mangelhaften Schliessungsverfahren bei insolventen Instituten belegen die Notwendigkeit einer Spezialisierung auf den Umgang mit insolventen Banken.

Die aus informationsökonomischer Sicht notwendige Trennung der Institutionen schliesst jedoch eine Zusammenarbeit nicht aus, sondern erfordert eine Kooperation zwischen der Europäischen Zentralbank und einer zentralen europäischen Bankaufsicht. Die Erkenntnis, dass die Aufgaben der Bankaufsichtsbehörden und der Zentralbanken sich bei der Bildung einer geeigneten Anreizstruktur überschneiden, wird schon durch die stabilisierende Wirkung von Ankündigungen liquiditätspolitischer Hilfsmassnahmen für in Liquiditätsprobleme geratene Kreditinstitute deutlich.[236]

Die Zusammenarbeit von Zentralbanken und Bankaufsichtsbehörden ist weiterhin vorteilhaft, da die Bankaufsichtsinstitute über kein eigenes Netz an Zweiganstalten verfügen. Erst dieses Netz ermöglicht eine ortsnahe und wirksame Bankenkontrolle.[237] Die aus dem europaspezifischen Anreizmuster re-

---

236 Die Nachteile derartiger Interventionen, wie die "too big to fail" Problematik wurden in Kapitel C beschrieben.

237 §5,6,7 KWG
In Deutschland arbeiten das Bundesaufsichtsamt und die Deutsche Bundesbank nach Maßgabe des KWG zusammen. Die Deutsche Bundesbank und das Bundesaufsichtsamt haben einander Beobachtungen und Feststellungen mitzuteilen, die für die Erfüllung der beiderseitigen Aufgaben von Bedeutung sein können. Die hoheitlichen Aufgaben, z.B. der Erlaß von Verwaltungsakten liegen beim Bundesaufsichtsamt. Vor dem Erlaß allgemeiner Regelungen hat sich das Bundesaufsichtsamt mit der Bundesbank abzustimmen. Je nach dem Ausmaß, in dem diese Regelungen die Aufgabenstellung der Bundesbank tangieren, ist der Grad ihrer Mitwirkungsbefugnis abgestuft.So ist das Bundesaufsichtsamt z.B. beim Erlaß von Liquiditätsgrundsätzen an das Einvernehmen mit der Bundesbank gebunden. Die Bundesbank ist umfassend in die laufende

sultierende Entwicklung des europäischen Bankensystemes, im Vergleich mit dem angelsächsischen Bankenwesen, ist der Gegenstand des abschliessenden Punktes.

5 Allfinanz versus Nontraditional Banking

5.1 Europäische Strategien zur Kostensenkung

Wie bereits angesprochen wurde sind in Europa nicht Finanzinnovationen, sondern die europäische Integration ursächlich für den Deregulierungsprozess. Aus den -im Vergleich zum angelsächsischen Bankensystem- unterschiedlichen Anreizen resultieren auch unterschiedliche Strategien zur Erhaltung der Wettbewerbsfähigkeit und damit zur Kostenreduzierung. Hierbei steht in Europa nicht das Nontraditional Banking im Mittelpunkt, sondern eine Vielzahl anderer Entwicklungen. So haben die Universalbanken in der letzten Dekade nicht die Einlagenaufnahme und andere Bereiche mit komparativen Nachteilen "abgeworfen", sondern ihr Finanzdienstleistungsangebot sogar erweitert. Insbesondere der Bereich des Versicherungswesens ist für die europäischen Grossbanken von Interesse. In Deutschland haben sich die Dresdner Bank mit Allianz, die Deutsche Bank mit Deutscher Herold und Gerling und die Commerzbank mit DBV und Winthertur vereint. Diese Strategie, die durch Aufkauf, Kooperation oder Gründung von Versicherungsunternehmen durch Grossbanken charakterisiert ist und das Angebot aller Finanzdienstleistungen aus einer Hand ermöglicht, wird als Allfinanz bezeichnet.[238]

Ein weiteres Charakteristikum der europäischen Entwicklung ist die Zunahme bei den grenzüberschreitenden Allianzen und Übernahmen innerhalb des Bankenwesens: So hat Ende 1992 beispielsweise Credit Lyonnais die Mehrheit der BfG-Bank übernommen und die Dresdner Bank eine Kooperation mit der Ban-

---

Überwachung der Kreditinstitute eingeschaltet. Die Berichte und Anzeigen der Kreditinstitute werden von ihr analysiert. Bei den Untersuchungen werden auch Beobachtungen verwertet, die die Bundesbank bei ihrer eigenen geschäftlichen Tätigkeit macht.

238 vgl. Saunders 1991
vgl. o.V., Economist 1992, S.41
vgl. Coyle 1993

que Nationale de Paris gestartet. Kooperationsvereinbarungen scheinen insbesondere in Italien und Spanien den Vorzug vor Übernahmen zu erhalten.[239] Die Vielzahl der, den Integrationsprozess vorantreibenden, Vernetzungsmöglichkeiten scheint grenzenlos: NatWest, Commerzbank und Societe Generale planen beispielsweise die Verknüpfung ihrer Zahlungssysteme, um den Kapitalverkehr innerhalb der drei Länder zu erleichtern. Ein elektronisches Netzwerksystem namens Ibos verbindet die Royal Bank of Scotland, Banco Santander, Credit Commercial und Portugals Banco de Commercio e Industria. Die durch die Integration ausgelöste Eigendynamik des Zusammenwachsens überrascht, wenn man die unterschiedlichen Entwicklungsstände berücksichtigt. Das spanische Bankensystem war beispielsweise 1993 noch nicht in der Lage, regelmässige Abbuchungen durch Daueraufträge zu gewährleisten.

Der steigende Wettbewerb und die mit der Integration verbundenen Regulierungen, insbesondere die Kapitalerfordernisse, haben auch eine Welle der Privatisierung ausgelöst. In Spanien wurden von der Regierung 25 Prozent der Bank Argentaria, in Frankreich 30 Prozent der Credit Local de France und Anteile der Credit Lyonais, in Italien 67 Prozent der Credito Italiano, in Schweden die Gotabank und in Norwegen die drei grössten Institute veräussert. Dabei sind diese Institute durch relativ geringe Eigenkapitalbestände gekennzeichnet. Credit Lyonais lag beispielsweise Ende 1992 mit 8,2 Prozent nur knapp über dem Baseler-Minimum.

Die Ursachen für die Eigenkapitalknappheit werden, wie im angelsächsischen Fall, in schlechten Kreditvergaben, d.h. der Vergabe von Krediten an "lemon" Kreditnehmer, im Preissturz von Grundbesitz, der von den Banken als Sicherheit gehalten wurde und in der Rezession, infolge des prozyklischen Bedarfes für Bankkredite, gesehen.

Diese Probleme haben auch das europäische Interesse auf alternative Finanzierungsformen, die wie das Nontraditional Banking die Unabhängigkeit von Kredit-, Währungs- und Zinsrisiken ermöglichen, gelenkt. Hierfür wurde vom Centre for Economic Policy Research die Entwicklung der europäischen Eigenkapital- und Fremdkapitalmärkte analysiert. Das folgende Fazit bezüglich der Entwicklung der Sekundärmärkte belegt die verbleibenden Unterschiede

---

239 vgl. o.V., Economist 1992
vgl. Coyle 1993, S.41
vgl. Le´vy-Lang 1993
vgl. Morgan 1993

zwischen dem europäischen und dem angelsächsischen Bankensystem: Die Ausgabe von Obligationen, die als Substitut zu den Bankkrediten erachtet werden kann, ist in Europa, im Vergleich zu den USA, eine wenig genutzte Finanzierungsquelle. Zwar wurde in den achtziger Jahren in Deutschland das Volumen der Obligationsemisssion im Vergleich zu den beiden vorangegangenen Dekaden verdoppelt, der Anteil am gesamten Finanzierungsvolumen liegt jedoch bei nur 20 Prozent. Für kleinere europäische Unternehmen bleibt das "Menü" der Finanzierungsmöglichkeiten weiterhin auf Bankkredite begrenzt.[240] Ziel des nächsten Gliederungspunktes ist es, die abweichenden Entwicklungen und Strategien anhand des Modelles kostentheoretisch zu erklären.

5.2 Traditional versus Nontraditional Banking

Im Gegensatz zu der Entwicklung im angelsächsischen Bankensystem konzentrieren sich die Entwicklungen in Europa nicht auf das Nontraditional Banking sondern auf den Ausbau der komparativen Kostenvorteile innerhalb des Traditional Bankings. Quadrant I des Modelles beschreibt das Traditional Banking in Abhängigkeit vom Einflussfaktor ß.

Graphik 10: Quadrant I, Traditional Banking

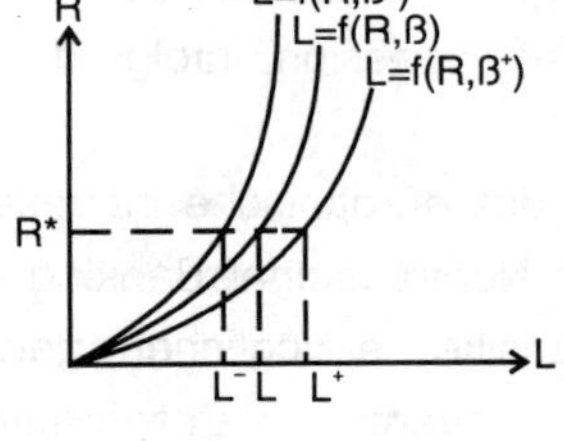

240 vgl. Coyle 1993
vgl. Mayer 1990
vgl. Vives; Chiaporri; Mayer; Neven 1991

Wie in Kapitel B dargestellt, drücken sich Verbesserungen bei der Bank-Kunden-Beziehung, der Wiederverwendbarkeit von Informationen, den Skalenerträgen oder bei den "economies of scope" durch den Einflussfaktor ß+ aus. Der Einflussfaktor ß+ führt bei gleichbleibendem Ressourceneinsatz zu einer Verbesserung des Labelling-Niveaus und damit zu steigenden Erträgen.
Im angelsächsischen Bankensystem wird das erhöhte Labelling-Niveau für das Design von Kontrakten genutzt, die eine Verbriefung der Bankaktiva und damit deren Marktfähigkeit und eine Verbesserung der Aktivaqualität ermöglichen (Quadrant II).
Im europäischen Bankensystem werden die im ersten Quadranten dargestellten komparativen Bankenvorteile durch Allianzen und die Strategie der Allfinanz weiter ausgebaut.
Der Bankkunde wird gleichzeitig Versicherungsnehmer und Kunde der mit der Bank verbundenen Bausparkasse; er erhält alle Produkte aus einer Hand. Umgekehrt erhält auch die Bank durch die Übernahme einer Versicherung ein neues Kundenpotential. Bezieht der Kunde seine Finanzdienstleistungen lediglich aus der Hand einer Bank und der mit diesem Institut verbundenen Versicherung und Bausparkasse, so kann die Bank bei einer Kreditvergabeentscheidung die Qualität des Kunden von der Gehaltsüberweisung über bestehende Lebensversicherungs- und Bausparkassenverträge bis zur Haftpflichtversicherung analysieren. Diese Situation stellt bei Kreditvergabeentscheidungen auf "information intensive" Märkten für Banken den Idealfall dar: Aufgrund der "economies of scope" zwischen Bank, Versicherung und Bausparkasse werden die komparativen Vorteile von Bankkrediten ausgebaut.
Derartige "economies of scope", Skalenerträge und Verbesserungen bei der Bank-Kunden-Beziehung drücken sich in Quadrant I durch eine Drehung des Einflussfaktors ß nach ß+ aus.
Die Institute nutzen diese erhöhte Kreditnehmerdenifikation ("Labelling-Niveau) bei Kreditvergabentscheidungen und realisieren auf diese Weise eine Verbesserung der Bankaktivaqualitäten. Die Weiterverarbeitung der Bankaktiva in marktfähige Finanztitel ist im Vergleich zu Amerika jedoch nur von geringer Bedeutung, wie die Entwicklung der Sekundärmärkte verdeutlicht. Die Entwicklungen in Europa spiegeln das auf das europäische Bankensystem wirkende Anreizmuster wider. Für die geringe Bedeutung des Nontraditional Banking in Europa lassen sich neben den dargestellten Unterschieden im Anreizmuster zwei zentrale Argumente aufführen: erstens verfügen europäische Banken im

Durchschnitt über höhere Eigenkapitalraten und besitzen daher weniger Anreize durch eine Weiterverarbeitung die Aktiva aus ihren Bilanzen abzustossen. Zweitens verhindert in Europa die subventionierte Einlagenfinanzierung den Abbau des Traditional Bankings in dem Masse, wie er im deregulierten US-Markt stattfindet.[241]

6 Schlussbetrachtung und Ausblick

Im Mittelpunkt dieser Arbeit steht der Versuch die Existenz von Banken zu erklären und die Entwicklungstendenzen des europäischen Bankensystemes zu skizzieren. Der für diese Arbeit gewählte informationstheoretische Ansatz, zeigt auf, daß Banken bei der Identifikation und Verarbeitung von Risiken komparative Vorteile besitzen. In diesem Marktsegment liegt die Antwort für die zu Beginn der Arbeit gestellte Frage nach der Existenzberechtigung von Banken: Banken besitzen bei der Identifikation, Bündelung und Verarbeitung von Risiken, bis zu deren Marktfähigkeit, komparative Vorteile, die eine Existenzgrundlage darstellen. Die Ausgestaltungsformen, welche Banken annehmen, um ihre Vorteile zu realisieren und damit die Entwicklungstendenzen des Bankings, sind abhängig von den bestehenden Rahmenbedingungen.

Eine Dekade nach seinem Einzug ins angelsächsische Bankenwesen klopft der Wettbewerb nun an die Tore des europäischen Bankensystemes. Haben in den USA Marktkräfte in der Form von Finanzinnovationen, wie Money Market Funds, die Deregulierung ausgelöst, so wird in Europa die Deregulierung und der Wettbewerb zunächst durch den Prozess der europäischen Integration vorangetrieben.

Neben den Unterschieden bei den Auslösern der Deregulierungen und bei den Bankenstrukturen weisen die Entwicklungen beider Märkte eine Vielzahl an Gemeinsamkeiten auf, wie bankenspezifische Kostenvorteile, Regulierungen, Deregulierungen und bankenaufsichtliche Massnahmen. In beiden Bankensystemen stehen zudem, infolge des zunehmenden Wettbewerbes die Strategien zur Kostensenkung ganz oben auf der Prioritätenliste.

241 vgl. Le´vy-Lang 1993
vgl. Morgan 1993

Auf den ersten Blick spiegeln sich die Massnahmen zur Kostensenkung jedoch in ganz unterschiedlichen Entwicklungen wider. Die angelsächsischen Banken haben mit dem Nontraditional Banking eine Strategie entwickelt, um die an die traditionelle Kreditintermediation geknüpften Kosten, wie Mindestreserveerfordernisse, abzustossen. Gleichzeitig haben sich die Institute auf ihre komparativen Vorteile bei der Informationsproduktion und -verarbeitung spezialisiert. Bezieht man diese Entwicklung auf das eingangs der Arbeit beschriebene Beispiel des Gebrauchtwagenhändlers, kauft der Händler tatsächlich die Wagen nicht mehr an, sondern spezialisiert sich auf seine Vorteile bei der Qualitätsbeurteilung, für die er eine Gebühr erhebt.

In Europa hingegen ist derzeit die Strategie des Nontraditional Banking nur von geringer Bedeutung. Nicht die von den Fonds ausgehende Konkurrenz um die Einlagen stellt für die Banken die Gefahr dar, sondern die Konkurrenz der anderen europäischen Grossbanken. Demzufolge stehen in Europa auch nicht die Strategien und Entwicklungen im Mittelpunkt, die darauf zielen, die an die Einlagenaufnahme geknüpften komparativen Bankennachteile zu beseitigen. Vielmehr sind die europäischen Strategien darauf ausgerichtet, den europäischen Markt schon heute, in der zweiten Integrationsstufe, durch kollusive Absprachen, Fusionen, Übernahmen, Vernetzungen und die Strategie der Allfinanz aufzuteilen. Die europäischen Institute versuchen nicht, die traditionelle Kreditintermediation abzustossen, sondern ihre Marktmacht aufbauend auf dem Traditional Banking zu erhöhen. Wiederum auf das Beispiel des Gebrauchtwagenhändlers bezogen, sieht die in Europa beobachtbare Strategie so aus, dass die Gebrauchtwagenhändler durch Fusionen, Expansionen und zusätzliche Serviceleistungen ihren traditionellen Gebrauchtwagenhandel erhalten und ausbauen.

Wie anhand der formalen Analyse aufgezeigt wurde, konzentrieren sich mit diesen Strategien sowohl die angelsächsischen als auch die europäischen Institute auf ihre komparativen Vorteile bei der Informationsproduktion und -verarbeitung. Dabei drücken die Entwicklungsunterschiede die auf das Banking wirkenden, unterschiedlichen Anreizmuster aus. Das europäische Bankenwesen hat in der jetzigen Phase keine Anreize, die traditionelle Einlagenaufnahme abzustossen, vielmehr ist es das Ziel der europäischen Institute, ihren Marktanteil in diesem Segment zu halten und auszubauen.

Die gegenwärtig unterschiedlichen Strategien in Amerika und Europa müssen jedoch nicht von langer Dauer sein. In jüngerer Zeit machen auch in Europa

Money Market Funds dem traditionellen Einlagengeschäft Konkurrenz. Die Fonds investieren in kurzfristige Wertpapiere und bieten dem Einleger bei täglicher Verfügbarkeit den mehrfachen Ertrag, im Vergleich zu der Sichteinlage bei seiner Hausbank. Bei einer Investition in Fidelity Money Market Fonds erhält der Einleger beispielsweise im Januar 1994 einen Zinssatz von 5,1 Prozent. Der zunehmende Wettbewerbsdruck durch derartige Finanzinnovationen und der gleichzeitige Abbau der künstlich günstigen Einlagenfinanzierung im Zuge der Deregulierung wird schon mittelfristig auch in Europa die Anreize zur Abschiebung der Bereiche mit komparativen Nachteilen verstärken: Und damit wird auch in Europa das Nontraditional Banking vorangetrieben.

Anhang

i) Definitorischer Anhang

Asymmetrische Informationsverteilung: Eine ungleiche Verteilung von Informationen zwischen Kapitalnehmern und Kapitalgebern.

Adverse Selektion: Eine Negativauslese die daraus resultiert, dass bei Informationsasymmetrie die "bad risks" eher bereit sind Finanzkontrakte zu akzeptieren, als die "good risks".

Banken: Institute, die Einlagen oder andere rückzahlbare Gelder des Publikums entgegennehmen und das Kreditgeschäft betreiben.

"Commercial banking": Das "commercial banking" umfasst das gesamte traditionelle Bankgeschäft (Einlagen- und Ausleihungsgeschäft).

Emissionsmarkt: Obgleich sachlich und räumlich nicht zu trennen, der Teilmarkt des Kapitalmarktes, auf dem die Emissionen von öffentlichen und privaten Anleihen oder auch Aktien erstmalig untergebracht werden.

Finanztitel: Finanztitel sind verbriefte oder unverbriefte Forderungen und Verbindlichkeiten zwischen verschiedenen Transaktionspartnern.

Finanzunternehmung: Unter dem Oberbegriff Finanzunternehmung werden so unterschiedliche Institute wie Geschäftsbanken, Investmentbanken, Investmentfonds und Versicherungsgesellschaften zusammengefasst.

Investment Banking: Bezeichnung für eine Banken-Dienstleistung, die das nationale und internationale Handels-, Emissions- und Plazierungsgeschäft bei Wertpapieren und wertpapierähnlichen Instrumenten umfasst.

Kollateral (collateral): Eigentum des Kapitalnehmers, welches dem Kapitalgeber überlassen wird, wenn das Investitionsprojekt scheitert.

Moral Hazard: Das Moralische Risiko, welches die Bereitschaft von Kapitalnehmern überschreibt, extern erworbenes Kapital bei Informationsasymmetrie in risikoreichere Investitionsprojekte zu investieren, als mit dem Kapitalgeber vereinbart.

Sekundärmarkt: Markt für im Umlauf befindliche Wertpapiere. Im Interesse der Emissionsadresse bedarf der Sekundärmarkt der besonderen Pflege. Ein funktionsfähiger Sekundärmarkt ermöglicht die jederzeitige Mobilisierung der Anlagen und erhöht damit indirekt die Ergiebigkeit des gesamten Kapitalmarktes.

Solvabilität: Als Solvabilität wird die von der Zusammensetzung des Versicherungsbestandes abhängige Relation zwischen Prämien und Schäden (Risiken) einerseits und Eigenkapital andererseits bezeichnet.

"Supervision" (Bankaufsicht): Der Monitoring-Prozess zur Gewährleistung der für die Stabilität des Bankensystemes und den Einlegerschutz erforderlichen Bankenkontrolle.

Trennbankensystem: Im angelsächsischen Bankensystem typische Unterscheidung zwischen "commercial banks" und "investment banks". Während "commercial banks", die hauptsächlich das kurz- und mittelfristige Einlagen- und Kreditgeschäft betreiben, der Zugang zum Effektengeschäft weitgehend verwehrt ist, dürfen umgekehrt "investment banks" keine Einlagen entgegennehmen.

ii) Graphik Verzeichnis

iii) Formale Analyse

1 Abkürzungen und Übersicht der Gleichungen
2 Kapitalangebot
3 Kapitalnachfrage
4 Adverse Selektion
5 Kapitalrationierung
6 Beispiel für die Berechnung des optimalen Ressourceneinsatzes

1 Abkürzungen und Übersicht der Gleichungen

W: Investitionsprojekte, die für die Kapitalgeber beobachtbar sind und mit Sicherheit den Bruttoinvestitionsertrag EW erzielen.

I1: Gute Investitionsprojekte, die den sicheren Bruttoinvestitionsertrag E1 realisieren, aber für Kapitalgeber nicht beobachtbar sind.

I2: Schlechte oder "lemon" Investitionsprojekte, die bei Erfolg den Brutto investitionsertrag ES und bei Misserfolg EF realisieren und für Kapital geber nicht beobachtbar sind.

E1: Sicherer Bruttoinvestitionsertrag der guten Investitionsprojekte I1.

EW: Sicherer Bruttoinvestitionsertrag der Investitionsprojekte W.

ES: Bruttoinvestitionsertrag bei Erfolg der Investitionsprojekte I2

EF: Bruttoinvestitionsertrag bei Mißerfolg der Investitionsprojekte I2

p: Wahrscheinlichkeit für ES

(1-p): Wahrscheinlichkeit für EF

Ck: Eigenkapital

k=H,G: H als beobachtbares, hohes; G als beobachtbares, geringes Ei genkapital

CW: Beobachtbares und identisches Eigenkapital der Kapitalnehmer mit Inve stitionsprojekten vom Typ W.

a : Anteil der Kapitalnehmer mit Investitionsprojekten vom Typ I1 .

(1-*a*): Anteil der Kapitalnehmer mit Investitionsprojekten vom Typ I2.

X: Investitionsvolumen

S: Volumen der externen Kapitalaufnahme mit S=X-Ck

i: Zins des festverzinslichen Fremdkapitalkontraktes mit den Ausprägun gen iW, iH, iG.

i^*: Ertragsrate bei Verwendung von C zum Erwerb eines Anteiles an der In vestmentgesellschaft.

Ck $(1+i^*)$: Opportunitätskosten der Kapitalnehmer.

Y: Nettoinvestitionsertrag der Kapitalnehmer.

eMF: Erwartungsertrag der Kapitalgeber bei Investition des Eigenkapitals C in die Investmentgesellschaft; eMF berechnet sich als arithmetisches Mittel von eW, eH, eG.

eW : Erwartungsertrag bei Investition des Eigenkapitals C in W.

eH : Erwartungsertrag bei Investition in den Pool aus unbeobachtbaren I1 und I2 Investitionsprojekten, mit beobachtbarem, hohem Eigenkapital.

eG : Erwartungsertrag bei Investition in den Pool aus unbeobachtbaren I1 und I2 Investitionsprojekten, mit beobachtbarem, geringem Eigenkapital.

iCkmaxI1: (mit k=H,G) Der Kapitalzins, den die guten Kapitalnehmer maximal zahlen; bei jedem höheren Zins werden sich die Kapitalnehmer nicht mehr extern finanzieren sondern ihr C in die Investmentgesellschaft investieren.

L: Labelling-Niveau; Der Wert der Identifizierung der sich in einem Pool befindenden Kapitalnehmer. Der Wert liegt im Intervall [0;1].

x: Definiert den Anteil am Pool der potentiellen Kapitalnehmer, der gute Kapitalnehmer darstellt.

(1-x): Definiert den Anteil am Pool der potentiellen Kapitalnehmer, der schlechte Kapitalnehmer darstellt.

R: Informativer Ressourceneinsatz oder Input R. Zwischen dem Labelling L und dem Input R besteht ein positiver Zusammenhang.

q: Stellt einen Elastizitätsparameter dar.

SC: Screeningkosten, die Kosten für den informativen Ressourceneinsatz R.

w: Beschreibt die Steigung der Screeningkosten.

$$YW = EW-(1+iW)(X-CW)-CW(1+i^*) > 0 \quad (1)$$

$$YI1k = E1-(1+ik)(X-Ck)-Ck(1+i^*) > 0$$

$k=H,G$ (2)

$YI2k = p\,[ES - (1+ik)\,(X-Ck)] - Ck\,(1+i^{*}) > 0$
$k=H,G$ (3)

$eW = (1+iW)\,(X-W)$ (4)
$eH = a\,(1+iH) + (1-a)\,[p(1+iH)+(1-p)EF/(X-H)]$ (5)
$eG = a\,(1+iG) + (1-a)\,[p(1+iG)+(1-p)EF/(X-G)]$ (6)
$ek = a\,(1+ik) + (1-a)\,[p(1+ik)+(1-p)EF/(X-k)]$
$k=H,G$
(7)
$iGmax,I1 = (E1 - X - i^{*}G)\,/\,(X-G)$ (8)
$iHmax,I1 = (E1 - X - i^{*}H\,)/\,(X-H)$
(9)
$eHmax = [a+(1-a)p][(E1-(1+i^{*})H)/(X-H)]+$
$(1-a)[(1-p)Ef/(X-H)]$ (10)

$eGmax = [a+(1-a)p][(E1-(1+i^{*})G)/(X-G)]+$
$(1-a)[(1-p)Ef/(X-G)]$ (11)

$demax/dC > 0$ (12)*
$iCkmaxI1=(E1-X-i^{*}Ck)/(X-k)$ (13)
$iCkmaxI2=(p(ES-X)-C(1+i^{*}-p))/p(X-k)$
mit $Ck=H,G$ (14)
$H,G < C^{*}$ (15)*
$G < C^{*} < H$ (15)**
$H,G > C^{*}$ (15)***
$xL= a$ (16)
$R = L^{q}$ oder $L = {}^{q}\sqrt{R}$ (17)
$SC= w\,R$ (18)
$a = x\,{}^{q}\sqrt{R}$ (19)
$G= x\,{}^{q}\sqrt{R}\,(1-p)[1+ik-EF/(X-k)] + A - w\,R$ (20)
$G' = (x/q)(R^{(1/q)-1})(1-p)[1+ik-EF/(X-k)]-w =0$ (20)'
$G'' = x(1/q^2-1/q)\,(R^{(1/q)-2})(1-p)[1+ik-EF/(X-k)] <0$
(20)''

$G^{*}= x \sqrt[q]{R}\,(1-p)[1+ik-EF/(X-k)]+A - ß\,w\,R$

(20)*

$G^{*\prime}= (x/q)(R^{(1/q)-1})(1-p)[1+ik-EF/(X-k)] -ßw = 0$ (20)*'

$G^{\prime\prime}=x(1/q^2-1/q)(R^{(1/q)-2})(1-p)[1+ik-EF/(X-k)]-w <0$ (20)''

$dR/dß=$

$= x((1/q^2)-(1/q))(R^{(1/q)-2})(1-p)[1+ik-EF/(X-k)]/ w$

d.h. $dR/dß < 0$

(21)

$ES > E1 > EW > EF > 0$

(A)

$E1 > EW > [pES + (1-p)EF] > 0$ (B)

$E < (1+i)S$

(C)

$E >(1+i)S$

(C)*

2 Kapitalangebot

Das Kapitalangebot wird durch eine Investment-gesellschaft verkörpert. Diese repräsentiert die in der Realität bestehende Vielzahl an Finanztiteln. In dem zweiperiodigen Modell verwenden die Wirtschaftssubjekte in der ersten Periode ihr Eigenkapital C entweder für eines der Investitionsprojekte I1, I2, W oder zum Erwerb eines Anteiles an der Investmentgesellschaft; der Konsum des Ertrages erfolgt in der zweiten Periode.
Die Investmentgesellschaft ist für die Kapitalnehmer mit I1, I2 und W Investitionsprojekten die einzige Möglichkeit sich extern finanzieren. Die Investmentgesellschaft bietet verschiedenen Kapitalnehmern verschiedene, den beobachtbaren Klassen von Kapitalnehmern entsprechende, festverzinsliche Fremdkapitalkontrakte an. Der Kontraktzins i hat den drei beobachtbaren, unter-schiedlichen Klassen entsprechend die Ausprägungen iW, iH, iG.
Der Erwartungsertrag eMF der Investmentgesellschaft berechnet sich als arithmetisches Mittel aus den Erträgen der drei unterscheidbaren Klassen eW, eH, eG:

$$eW = (1+iW)(X-CW) \quad (4)$$
$$eH = a(1+iH) + (1-a)[p(1+iH)+(1-p)EF/(X-H)] \quad (5)$$
$$eG = a(1+iG) + (1-a)[p(1+iG)+(1-p)EF/(X-G)] \quad (6)$$

Die Kapitalgeber besitzen zwei Ansätze zur Erhöhung ihrer Erträge auf "information intensive" Märkten:

$$ek = a(1+ik) + (1-a)[p(1+ik)+(1-p)EF/(X-k)]$$
$$k=H,G \quad (7)$$

Zunächst durch die Wahl des maximalen Zinssatzes iCkmaxI1. Die hierbei auftretenden Probleme der Adversen Selektion und des Moral Hazard führen zur Rationierung von guten Kapitalnehmern und zur Finanzierung von Investitionsprojekten mit geringen Erfolgswahrscheinlichkeiten.
Desweiteren können die Kapitalgeber Ressourcen investieren, um die Kapitalnehmer mit I1 und I2 Investitionsprojekten zu identifizieren und damit zu separieren. Der Ressourceneinsatz zielt auf eine Erhöhung des Anteiles der guten Kapitalnehmer *a*, um die Ertragsrate zu maximieren.

3 Kapitalnachfrage

Die Kapitalnachfrager setzen sich aus fünf Typen zusammen: K(I1CH), K(I1CG), K(I2CH), K(I2CG), und K(WCW). Aufgrund der asymmetrischen Informationsverteilung, be-züglich der Investitionsprojekte I1 und I2, können die Kapitalgeber nur zwischen drei Typen unterscheiden: K(WCW); K(CH); K(CG).

Die Erträge der Investitionsprojekte I1, I2 und W sind durch folgendes Verhältnis charakterisiert:

Maximalertrag
$$ES > E1 > EW > EF > 0 \quad (A)$$
Erwartungsertrag

$$E1 > EW > [pES + (1-p)EF] > 0 \quad (B)$$

Ist der Bruttoinvestitionsertrag E geringer als der mit i -iW, iH, iG- zu verzinsende Betrag S, den der Kapitalnehmer erhalten hat, verliert der Kapitalnehmer sein Eigenkapital. Die Annahme, dass die Eigenkapitalhöhe nicht ausreichend für die Tilgung der verbleibenden Kreditschuld ist wird als "limited liability" bezeichnet:

Limited Liability

$$E < (1+i)S \quad (C)$$

Die Kapitalnehmer mit den Investitionsprojekten I1, I2 und W werden sich nur dann extern finanzieren, wenn der Nettoinvestitionsertrag grösser Null ist:

(Participation Constraint)

$$YW= EW - (1+iW)(X-CW) - CW(1+i^{*}) > 0 \quad (1)$$

$$YI1k= E1 - (1+ik)(X-Ck) - Ck(1+i^{*}) > 0 \quad (2)$$

$$YI2k= p[ES - (1+ik)(X-Ck)] - Ck(1+i^{*}) > 0 \quad (3)$$

k=H,G

Die Kapitalnehmer mit den Investitionsprojekten I2 berücksichtigen nur den höchstmöglichen Ertrag ES, da sie anderenfalls -unter Berücksichtigung des Erwartungs-ertrages (B)- in die Investmentgesellschaft investieren würden. ES hat die Eintrittswahrscheinlichkeit p, mit p<1; EW und E1 treten mit Sicherheit ein, d.h. mit p=1.

4 Adverse Selektion

Aus Sicht der Kapitalnehmer mit den Investitionsprojekten I1 und I2 beeinflusst eine Erhöhung der Finanzierungskosten, d.h. eine Erhöhung der Zinsen für die Kapitalaufnahme, den Nettoinvestitionsertrag folgendermassen:

$d(YI1k)/d(ik) = -(X-Ck) - Ck(di^*/d(ik))$ (2)'

$d(YI2k)/d(ik) = -p(X-Ck) - Ck(di^*/d(ik))$ (3)'

$k=H,G$

Der Nettoinvestitionsertrag der guten Investition I1 ist also bei steigenden Zinsen des festverzinslichen Fremdkapital-kontraktes Null, bevor dies bei I2 der Fall ist. Bei einem Vergleich von (2)' und (3)' zeigt sich, dass die absolute Steigung von (2)' grösser ist als von (3)': für p gilt bekanntlich $0<p<1$. Mit anderen Worten heisst das: Bei Investitionsprojekten vom Typ I2 ist $p<1$; bei Investitionsprojekten vom Typ I1 ist $p=1$. Bei einer begrenzten Haftung der Kapitalnehmer, infolge des ausreichend geringen Eigenkapitales (C), trifft dies auch auf die Rückzahlungswahrscheinlichkeit zu. Unter der Annahme, dass die Kapitalnehmer nur die Möglichkeit der Variation des Zinssatzes besitzen, maximieren sie ihre Ertragsraten bei dem Zinssatz ik*, bei dem die Kapitalnehmer mit I1 Investitionsprojekten einer externen Finanzierung indifferent gegenüberstehen; d.h der Nettoinvestitionsertrag von I1 den Wert Null annimmt. Erhöhen die Kapitalgeber den Zins über den Wert ik*, so sind nur noch die Kapitalnehmer mit schlechten Investitionsprojekten I2 bereit, sich extern zu finanzieren.

5 Kapitalrationierung

Für Kapitalnehmer mit I1 Investitionsprojekten und geringem Eigenkapital G ist der Nettoinvestitionsertrag YI1G bei externer Finanzierung, einem Kapitalzins iG und einer Ertragsrate i^* der Investmentgesellschaft gleich Null, wenn der Bruttoinvestitionsertrag der Summe aus Kapital- und Opportunitätskosten entspricht:

$$E1 = (1+iG)(X-G) + G(1+i^*) \qquad (2)^*$$

Dies ergibt nach iG aufgelöst den Zinssatz iGmax,I1 für externes Kapital, den die Kapitalnehmer mit den Investitionsprojekten I1 maximal bereit sind zu zahlen:

$iGmax,I1=(E1 - X - i^*G)/(X-G)$
(8)

und analog für Kapitalnehmer mit I1 Investitionsprojekten und hohem Eigenkapital:

$$iHmax,I1=(E1 - X - i^*H)/(X-H) \quad (9)$$

Zur Berechnung des maximalen Kapitalertrages der Kapitalgeber wird (9) in (5) und (8) in (6) eingesetzt.

$$eHmax = [a+(1-a)p]\,[(E1-(1+i^*)H)/(X-H)] + (1-a)[(1-p)Ef/(X-H) \quad (10)$$

$$eGmax = [a+(1-a)p]\,[(E1-(1+i^*)G)/(X-G)] + (1-a)[(1-p)Ef/(X-G) \quad (11)$$

Der letzte Term zeigt, dass eHmax > eGmax ist, wenn EF einen ausreichend hohen Wert erreicht. Dieser Mindestertrag EF ist ab einer bestimmten Eigenkapital-höhe gewährleistet. Der Ertrag der Kapitalgeber steigt mit der Eigenkapitalhöhe:

$$demax/dC > 0 \quad (12)^*$$

Aus (10) und (11) ist die Höhe der Zinsen bekannt, bei der die Kapitalnehmer mit I1 Investitionsprojekten einer externen Finanzierung indifferent gegenüberstehen und die Kapitalgeber ihre Erträge maximieren. Der maximale Kapitalzins -unter Abstrahierung eines zusätzlichen Ressourceneinsatzes zur Erhöhung des Anteiles der guten Kapitalnehmer- lässt sich allgemein ausdrüken als:

iCkmax,I1 mit Ck=H,G:
$iCkmaxI1 = (E1 - X - i^{*}Ck) / (X-Ck)$
(13)

Im folgenden wird die Eigenkapitalhöhe abgeleitet bei der die Kapitalnehmer mit I2 Investitionsprojekten den Finanzmarkt -vor den Kapitalnehmern mit I1 Investitionsprojekten- verlassen (iCmaxI2 < iCmaxI1). D.h. der Nettoinvestitionsertrag (Bruttoinvestitionsertrag abzüglich Kapital- und Opportunitätskosten) gleich Null ist; YI2G = 0.

$$YI2G = p\,[ES - (1+iG)\,(X-C)] - C\,(1+i^{*}) = 0$$
$$= pES - p(X-C) - p(iG(X-C)) - C\,(1+i^{*}) = 0$$
oder:

$$iCkmaxI2 = (p(ES-X)-C(1+i^{*}-p))/p(X-C) \quad Ck=H,G \qquad (14)$$

Dabei ist iCkmaxI1 = iCkmaxI2, d.h. der Zins den die Kapitalnehmer mit I1 Investitionsprojekten maximal zahlen ist gleich dem Zins bei dem die Kapitalnehmer mit I2 Investitionsprojekten den Markt verlassen, wenn:

$$E1 - X - i^{*}C = ES - [C(1+i^{*}-p)/p] - X \text{ oder}$$

$$C^{*} = [(ES-E1)/(1+i^{*})][p/(1-p)] \qquad (13)$$

Die Eigenkapitalhöhe C^{*} ist der Wert, bei dem die Kapitalnehmer schlechter Qualität I2 den Markt verlassen und die erwarteten Erträge von den guten Kapitalnehmern I1 maximiert werden. Die Existenz nur eines C^{*} im Modell ergibt sich daraus, dass genau von einem festen Investitionsvolumen X für alle Kapitalnehmer ausgegangen wird.

Wird in der Funktion L = ᑫV¬R für q der Wert 2 angenommen, berechnet sich der optimale Ressourceneinsatz folgendermassen:[242]

a/x = V¬R

a = x V¬R $\quad (19)^b$

G = x V¬R (1-p)[1+ik-EF/(X-K)] + A - w R $\quad (I)^b$

G´ = (X/2) (1/V¬R)(1-p) [1+ik-EF/(X-K)] - w $\quad (II)^b$

G´´= -(X/4)$(R)^{-3/2}$ (1-p)[1+ik-EF/(X-K)] < 0 $\quad (III)^b$

G´´< 0, da:

(X/4) $(R)^{-3/2}$ > 0

(1-p) > 0

EF/(X-K) < 1+ik nach (C)

242 Die Symbole der Gleichungen werden beibehalten und für das Beispiel durch ein b markiert.

iv) Belege

Ausschnitt aus den bilanzwirksamen Aktivposten[243]

Typ des Risikoaktivums	EG-Solvenzrichtlinie
1. Barmittel und gleichwertige Posten	0%
2. Inkassopapiere	20%
3. Anteilsrechte	
a) Anteile an Kreditinstituten	100%
b) Anteile an sonstigen Unternehmen	100%
c) Investmentanteile	100%
d) Genußrechte	
- von Kreditinstituten	
- von sonstigen Unternehmen	100%
4. Forderungen	
a) allgemeines Schema der Bonitätskategorien	
aa) Privatsektor private Nichtbanken inkl.	100%
bb) inländische öffentliche Hand	
- Zentralregierung einschl. Zentralbank	
- sonstiger öff. Sektor	0%
cc) Europäische Gemeinschaft	0%
dd) Kreditinstitute [inländische Mitgliedstaaten, OECD-Lander]	20%
ee) supranationale Kredit- und Bretton-Woods-Institute	
- Weltbank, BIZ,IWF	20%
- Europäische Investitionsbank	20%
ff) Kreditinstitute mit Sitz in einem fremden, nicht dem Inland gleichgestellten Staat (grenzüberschreitende Forderungen)	
- Laufzeit bis zu 1 Jahr	20%
- Laufzeit über 1 Jahr	100%

243 vgl. Bundesverband der Deutschen Volksbanken und Raiffeisen banken BVR, 1990, S.24f

gg) Öffentliche Hand in einem Staat der nicht der dem Inland gleichgestellten Präferenzzone angehört. 100%

- Zentralregierung (einschl. Zentralbank)
- sonstiger öffentlicher Sektor

v) Literaturverzeichnis

Akerlof, George A.: The market for "lemons": Quality uncertainty and the market mechanism in: Quarterly Journal of Economics, 84, 1970, S.488-500

Allen, Franklin: The market for information and the origin of financial intermediation in: Journal of Financial Intermediation 1, 1990, S.3-30

Altman, Edward I.: The market for distressed and defaulted securities in: Bowman, Thomas A.: Analysing investment opportunities in distressed and bankruped companies in: The Institute of Chartered Financial Analysts Continuing Education Series; 1990, S.35-44

Bagehot, Walter: The only game in town in: Financial Analysts Journal, 1971, S.12-14

Baltensperger, Ernst: Alternative approaches to the theory of the banking firm in: Journal of Monetary Economics 6, 1980, S.1-37

Baltensperger, Ernst; Milde Hellmuth: Theorie des Bankverhaltens in: Studies in Contemporary Economics; Springer Verlag 1987

Baltensperger, Ernst; Dermine, Jean: Banking deregulation in Europe in: Economic Policy, No. 2, 1987, S.63-109

Baltensperger, Ernst: Die Regulierung des Bankensektors in: Wirtschaftswissenschaftliches Studium (WiSt), Heft 2, 1988, S. 53-57

Baltensperger, Ernst: Finanzmärkte und ihre Regulierung - Internationale Koordination oder Konkurrenz? in: Weltwirtschaft im Wandel; Dürr, Ernst; Sieber, Hugo (Hrsg.), 1988, S. 165 - 178

Baron, David P.; Myerson, Roger B.: Regulating a monopolist with unknown costs in: Econometrica, Vol. 50, No. 4, 1982, S.911-930

Benston, George J.; Smith JR., Clifford W.: A transactions cost approach to the theory of financial intermediation in: The Journal of Finance, 1976, S.215-231

Bernanke, Ben S.: Bankruptcy, liquidity, and rezession in: The American Economic Review; 1981, S.155-160

Bernanke, Ben S.: Nonmonetary effects of the financial crisis in the propagation of the Great Depression in: The American Economic Review; 1983, S.257-275

Bernanke, Ben S.; Gertler, Mark: Agency costs, net worth, and business fluctuations in: The American Economic Review, Volume 79 No.1, 1989 S.14-31

Besanko, David; Thakor, Anjan V.: Banking deregulation: allocational consequences of relaxing entry barriers in: Discussion paper No. 390; Graduate school of business, Indiana University, 1988

Besanko, David; Thakor, Anjan V.: Notes, comments and letters to the editor: Competitive equilibrium in the credit market in: Journal of Economic Theory, Vol. 42, No. 1, 1987

Bester, Helmut: Screening versus rationing in credit markets with imperfekt information, in: American Economic Review 75, 1985, S.850-855

Bhattacharya, Sudipto; Thakor, Anjan V.: Contemporary banking theory; School of Business, Indiana University, 1992

Boot, Arnoud W.A.; Greenbaum, Stuart I.: Bank regulation, reputation and rents: theory and policy implications in: Mayer C.; Vives, X.: Capital Markets and Financial Intermediation, Cambridge, Cambridge University Press; 1993

Bowman, Thomas A.: Analysing investment opportunities in distressed and bankruped companies in: The Institute of Chartered Financial Analysts Continuing Education Series; 1990

Boyd, John H.; Gertler Mark: The role of large banks in the recent banking crisis in: Federal Reserve Bank of Minneapolis, Quarterly Review, 1994

Breazzano, David, J.: Case histories: success versus failure - the advantage of hindsight in: Bowman, Thomas A.: Analysing investment opportunities in distressed and bankruped companies in: The Institute of Chartered Financial Analysts Continuing Education Series; 1990, S.65-71

Brewer III, Elijah: Full-blown crisis, half-measure cure in: Federal Reserve Bank of Chicago Economic Perspectives, 1989, S. 2-17

Brimmer, Andrew F.: Distinguished lecture on economics in government: Central Banking and Systemic Risks in Capital Markets; in: Journal of Economic Perspectives, Vol. 3, No. 2, 1989, S.3-16

Büschgen, Hans E.: Bankbetriebslehre, Stuttgart 1979

Bundesverband der Deutschen Volksbanken und Raiffeisenbanken BVR: Thesenpapier zu den verschiedenen Möglichkeiten der Verbesserung der Eigenkapitalausstattung bei den Kreditgenossenschaften; 1990

Calomiris, Charles W.; Gorton, Gary: The origins of banking panics: models, facts, and bank regulation in: Hubbard, Glenn R.: Financial Markets and Financial Crisis, 1991, S. 109-173

Calomiris, Charles W.; Kahn, Charles M.: The role of demandable debt in structuring optimal banking arrangements in: The American Economic Review, 1991, s.497-513

Campbell, Tim S.; Kracaw, William A.: Information production, market signalling and the theory of financial intermediation in: The Journal of Finance, No.4, 1980, S.863-882

Campbell, Tim S.; Chan, Yuk-Shee; Marino, Anthony M.: An incentive based theory of bank regulation in: Journal of Financial Intermediation 2, 1992, S.255-276

Campbell, Tim S.; Chan, Yuk-Shee: Optimal financial contracting with ex post and ex ante observability problems in: Quarterly Journal of Economics, 1992, S.786-795

Canzoneri, Matthew B.; Sibert, Anne C.: The macroeconomic implications of contract models with asymmetric information in: Journal of Money, Credit, and Banking; Vol. 22, No. 3, 1990, S.273-287

Chan, Yuk-Shee: Information production, market signalling, and the theory of financial intermediation: A comment in: The Journal of Finance; No.4, 1982, S.1095-1099

Chan, Yuk-Shee: On the positive role of financial intermediation in allocation of venture capital in a market with imperfect information in: The Journal of Finance, Vol. XXVIII, No. 5, 1983, S.1543-1568

Chan, Yuk-Shee; Thakor, Anjan V.: Collateral and competitive equilibria with moral hazard and private information in: Journal of Finance; Vol.42, 1987, S. 345-363

Clarotti, Paolo: Progress and future development of establishment and services in the EC in relation to banking in: Journal of Common Market Studies, Volume 22, 3/1984, S.200-226

Clemenz, Gerhard; Ritthaler, Mona: Credit markets with asymmetric information: A survey in: Finnish Economic Papers, Vol. 5, No. 1, 1992, S.12-26

Copeland, Thomas E.; Weston, Fred J.: Financial theory and corporate policy, 3. Auflage, 1988

Copeland, Thomas; Galai, Dan: Information effects on the bid ask spread in: Journal of Finance 38, 1983, S.1457-1469

Coyle, Diane: The age of realism in: Survey of European Banking: Back to the basics in: EuroBusiness, Oktober 1993, S.39-60

Davis, Steve: The economic role of banks, in: Class Notes, Business 331, 1991

Davis, Steve: The structure of the banking system in: Business 331 homework questions and answers; University of Chicago Graduate School of Business; 1991

Deutsche Bundesbank (Hrsg.): Zur Bedeutung der Aktie als Finanzierungsinstrument in: Monatsberichte der Deutschen Bundesbank, Frankfurt am Main, Oktober 1991, S.22-29

Dewatripont, M.; Tirole, J.: The prudential regulation of banks; MIT-Press 1994

De Meza, D.; Webb, D. C.: Too much investment - a problem of asymmetric information in: Quarterly Journal of Economics, Vol. 102, 1987, S.281-292

Diamond, Douglas W.; Dybvig, Philip H.: Bank runs, deposit insurance and liquidity in: Journal of Political Economy, 1983, S.400-419

Diamond, Douglas W.: Financial intermediation and delegated monitoring in: Review of Economic Studies, 1984, S.393-414

Diamond, Douglas W.; Dybvig, Philip H.: Banking theory, deposit insurance, and bank regulation in: Journal of Business, vol. 59, no. 1, 1986, S.55-68

Diamond, Douglas W.: Monitoring & reputation: The choice between bank loans and directly placed debt; Journal of Political Economy, 1991, S.689-721

Duwendag,, Dieter; u.a.: Geldtheorie und Geldpolitik; 3. Aufl., Köln, 1985

Edwards, Jeremy; Fischer, Klaus: Bursting germany's banking myths, in: The Economist December 7TH 1991, S.89-91

Everling, Oliver: Credit Rating für Geldmarktpapiere in: Die Bank - Zeitschrift für Bankpolitik und -praxis, 2/1992, S. 78 - 82

Fama, Eugene F.: Banking in the theory of finance in: Journal of Monetary Economics 6, 1980, S.39-57

Fama, Eugene F.: What's different about banks ? in: Journal of Monetary Economics 15, 1985, S.29-39

Fama, Eugene F.: Perspectives on October 1987 or what did we learn from the crash ? in: Working Paper Series, W.P. No. 232, University of Chicago, 1988

Franklin, Allen: The market for Information and the origin of financial intermediation in: Journal of Financial Intermediation 1, 1990, S.3-30

Gale, William G.: Collateral, rationing, and government intervention in credit markets in: Hubbard, Glenn R.: Asymmetric Information, Corporate Finance and Investment, 1990, S.43-62

Gale, Douglas; Hellwig, Martin: Incentive compatible debt contracts: The one period problem in: Review of Economic Studies, 1985, S.647-663

Gardener, E.P.M.: Banking supervision in: The New Palgrave Dictionary of Money and Finance, 1992, S.156-158

Gavish, Bezalel; Kalay, Avner: On the asset substitution problem in: Journal of Financial and Quantitative Analysis, Vol.18, No.1, 1983, S.21-30

Gertler, Mark: Financial structure and aggregate economic activity: An Overview in: Journal of Money, Credit, And Banking Volume 20 No.3, 1988 S.559-588

Gentry, James A.: Estimating cash flows in: Bowman, Thomas A.: Analysing investment opportunities in distressed and bankruped companies in: The Institute of Chartered Financial Analysts Continuing Education Series; 1990, S.15-23

Gilbert; Alton R.: Bank market structure and competition in: Journal of Money, Credit, and Banking, Vol. 16, No. 4, 1984, S.617-660

Gilson, Stuart C; Kose, John; Lang; Larry: Troubled debt restructurings in: Journal of Financial Economics 27, 1990, S.315-353

Glosten, Lawrence R.; Milgrom, Paul R.: Bid, ask and transaction prices in a specialist market with heterogeneously informed traders in: Journal of Financial Economics 14, 1985, S.71-100

Goodhart, Charles: Discussion in: Baltensperger, Ernst; Dermine, Jean: Banking deregulation in europe in: Economic Policy, No. 2, 1987, S.63-109

Gorton, Gary: The growth and evolution of the loan sales market: The Wharton School Working Paper; July 1989

Greenbaum, Stuart I.; Thakor, Anjan V.: Legal reserve requirements in banking in: Bank Administration Institute, 1985

Greenbaum, Stuart I.; Venezia, Itzhak: Partial exercise of loan commitments under adaptive pricing in: The Journal of Financial Research, Vol.VIII, No.4, 1985, S.251-263

Greenbaum, Stuart I.; Chan, Yuk-Shee; Thakor, Anjan V.: Information reusability, competition and bank asset quality in: Banking Research Center Working Paper, No.126, 1986

Greenbaum, Stuart I.; Thakor, Anjan V.: Bank funding modes: securitization versus deposits in: Journal of Banking and Finance 11; 9/1987, S.379-420

Greenbaum, Stuart I.; Benveniste, Larry; Boyd, John: Bank capital regulation in: Banking Research Center Working Paper, No.161; 1988

Greenbaum, Stuart I.; Thakor Anjan V.; Boot, Arnoud W. A.: Reputation and constructive ambiguity in financial contracting; 1990

Greenbaum, Stuart I.: Introductory notes on financial intermediation, 1990

Greenbaum, Stuart I.; Berkovitch, Elazar: The loan commitment as an optimal financing contract in: Journal of Financial and Quantitative Analysis, Heft 1, Vol.26, 1991, S.83-96

Greenbaum, Stuart I.; Chan, Yuk-Shee; Thakor, Anjan V.: Is fairly priced deposit insurance possible? in: The Journal of Finance, Vol.XLVII, No.1, 1992, S.227-245

Greenhaus, Shelley F.:Approaches to investing in distressed securities; passive approaches in: Bowman, Thomas A.: Analysing investment opportunities in distressed and bankruped companies in: The Institute of Chartered Financial Analysts Continuing Education Series; 1990, S.47-53

Greenwald, Bruce C.; Stiglitz Joseph E.: Asymmetric information and the new theory of the firm: financial constraints and risk behavior in: The American Economic Review, Vol. 80, N0.2, 1990, S.160-165

Greenwald, Bruce; Stiglitz, Joseph; Weiss, Andrew: Informational imperfections in the capital market and macroeconomic fluctuations in: The American Economic Review, Vol.74, No.2, 1984, S.194-199

Grossman, Richard S.: Deposit insurance, regulation, and moral hazard in the thrift industry: Evidence from the 1930's in: The American Economic Review, Vol.82, No.4, 1992, S.800-819

Handelsblatt: Venture-Capital-Gesellschaften prüfen ihre Projekte vor einer eventuellen Beteiligung genauestens auf mittel- und langfristige Erfolgsaussichten; Nr.19, 8/9.5.1992, Seite K2

Harris, Milton; Ravis, Artur: Optimal incentive contracts with imperfect information in: Journal of Economic Theory 20, 1979, S.231-259

Haubrich, Joseph G.: Financial intermediation; delegated monitoring and long term relationships in: Journal of Banking and Finance 13, 1989, S.9-20

Hayward, Peter C.: Basle Committee on Banking Supervision in: The New Palgrave Dictionary of Money and Finance, 1992, S.185-187

Hellwig, Martin: What do we know about currency competicion? in: Zeitschrift für Wirtschafts- und Sozial-wissenschaften, Nr. 105, 1985, S.565-588

Hellwig, Martin: Die Kommunikationsfunktion der Finanzmärkte in: Schweiz. Zeitschrift für Volkswirtschaft und Statistik, Vol. 127 (3), 1991, S. 351-364

Hoff, Walter: Bonitätsbeurteilung und Kredit-entscheidungen im Firmenkreditgeschäft im: 40. Genossenschaftlichen Bank-Führungsseminar der Akade-mie Deutscher Genossenschaften e.V., Montabaur; 1984

Hoshi, Takeo; Kashyap, Anil; Scharfstein, David: The role of banks in reducing the costs of financial distress in Japan; 1990

Hoshi, Takeo; Kashyap, Anil; Scharfstein, David: Corporate structure, liquidity, and investment: Evidence from Japanese Industrial Groups; 1989

Hubbard, Glenn R.; Calomiris, Charles W.: Price flexibility, credit availability and economic fluctuations: evidence from the United States, 1894-1909 in: The Quarterly Journal of Economics, Nr.418, 1989, S.429-452

Hubbard, Glenn R.: Debt renegotiation in: Institutional Investor 24 Juni 1990 (auch in: Hubbard, 1991, Chapter 9)

Hubbard, Glenn R.: Asymmetric information, corporate finance and investment, 1990

Hubbard, Glenn R.; Calomiris, Charles W.: Firm heterogeneity, internal finance, and "credit rationing" in: The Economic Journal, 100, 1990, S.90-104

Hubbard, Glenn R.: Information problems and financial structure, Chapter 9; Unveröffentlichtes Manuskript, 1991

Hubbard, Glenn: What do banks do ?, Chapter 11; Unveröffentlichtes Manuskript, 1991

Hubbard, Glenn R.: Financial Markets and Financial Crisis, 1991

Hubbard, Glenn R.; Gertler, Marc; Kashyap, Anil: Interest rate spreads, credit constraints, and investment fluc-tuations: an empirical investigation in: Hubbard, Glenn R.: Financial markets and financial crisis, 1991, S.11-31

Hubbard, Glenn R.; Kashylap, Anil K.: Internal net worth and the investment process: an application to U.S. agriculture in: The Journal of Political Economy, Vol.100, No.3, 1992, S.506-535

Jaffee, Dwight M.; Russell Thomas: Imperfect information, uncertainty, and credit rationing in: Quarterly Journal of Economics, No. 90, 1976, S.651-666

Jaffee, Dwight M.: Credit rationing in: The New Palgrave Dictionary of Money and Finance, 1992, S.539-541

James, Christopher: The losses realized in bank failures in: Journal of Finance Vol. XLVI, No. 4, 1991, S.1223-1242

Jensen, Michael C.: Active investors, Ibo´s, and the privatization of bankruptcy in: Journal of Applied Corporate Finance, 2/1989, S.35-44

Jensen, Michael C.: Eclipse of the public corporation in: Harvard Business Review, 9/10 1989, S.,61-74

Jensen, Michael C.: Agency costs and free cash flow, corporate finance and takeovers: American Economic Review 76, Mai 1986, S.323-329

Kanatas; George: Collateral in: The New Palgrave Dictionary of Money and Finance, 1992, S.381-383

Kane, Edward J.: The high cost of incompletely funding the fslic shortage of explicit capital in: Journal of Economic Perspectives, Vol. 3, No. 4,1989, S.31-47

Kane, Edward J.: Financial regulation and market forces in: Swiss Journal of Economics and Statistics, Vol. 1227 (3), 1991, S. 325-342

Kaplan Steven: Management buyouts in: The New Palgrave Dictionary of Money and Finance, 1992, S.635-638

Kareken, John H.: Regulation of commercial banking in the United States in: The New Palgrave Dictionary of Money and Finance, 1992, S.315-320

Kay, John: Discussion in: Baltensperger, Ernst; Dermine, Jean: Banking deregulation in europe in: Economic Policy, No. 2, 1987, S.63-109

Kihlstrom, Richard E.: Managerial incentives in an interepreneurial stock market model, 3/1988

Kim, Daesik; Santomero, Anthony M.: Risk in banking and capital regulation in: The Journal of Finance, 1988, S.1219-1233

Klein, Michael A.: A theory of the banking firm in: Journal of Money Credit and Banking, 1971, S.205-218

Korajczyk, Robert A.; Lucas, Deborah; McDonald, Robert L.: Understanding stock price behavior around the time of equity issues in: Hubbard, Glenn R.: Asymmetric Information, Corporate Finance and Investment, 1990, S.257-278

Krahnen, Jan Pieter: Finanzwirtschaftslehre zwischen Markt und Institution in: Die Betriebswirtschaft; 6/93, 1993, S.793-805

Krasa, Stefan; Villamil, Anne P.: "Monitoring the monitor": An incentive structure for an financial intermediary in: Journal of Economic Theory 57, 1992, S.197-221

Leland, Hayne E.; Pyle, David H.: Informational asymmetries, financial structure, and financial intermediation in: The Journal of Finance, Vol. XXXII, No. 2, 5/1977, S.370-387

Levy, Paul S.: Approaches to investing in distressed securities; active approaches in: Bowman, Thomas A.: Analysing investment opportunities in distressed and bankrupt companies in: The Institute of Chartered Financial Analysts Continuing Education Series; 1990, S.44-47

Le´vy-Lang, Andre: Limitations to merging lines of business in: Mikdashi, Zuhayr: Financial strategies and public policies; -banking, insurance and industry-1993

Llewellyn, David T.: Competition, structural change and regulatory trends in major financial systems: Report to Conference of South African Futures Industry Association, 1990

Llewellyn, David T.: Financial intermediation and systems: global integration in: Fair, D.E.; De Boissieu, C.: International Monetary and Financial Integration - The European Dimension, 1988

Mason, Paul M.; Fabritius, Michael M.: Cartels in banking in: The New Palgrave Dictionary of Money and Finance, 1992, S.311-313

Mayer, Colin: Financial systems, corporate finance, and economic development in: Hubbard, Glenn R.: Asymmetric Information, Corporate Finance and Investment, 1990, S.307-332

Mayer, Colin; Vives Xavier: Capital markets and financial intermediation, Cambridge University Press, 1993

MacKie-Mason, Jeffrey K.: Do firms care who provides their financing? in: Hubbard, Glenn R.: Asymmetric Information, Corporate Finance and Investment, 1990, S.63-104

Merrick, JR. John; Saunders, Anthony: Bank regulation and monetary policy in: Money, Credit, and Banking, Vol. 17, No. 4, 1985, S.691-726

Mester, Loretta J.: Traditional and nontraditional banking: An information-theoretic approach im: Journal of Banking and Finance 16, 1992, S.545-566

Mikdashi, Zuhayr: Financial strategies and public policies; -banking, insurance and industry- 1993

Milde, Hellmuth: Informationskosten, Selbstselektion und Kreditverträge in: Wirtschaftswissenschaftliches Studium (WiSt), 16. Jg., Heft 7, 7/1987

Milde, Hellmuth: Die Theorie der adversen Selektion in: Wirtschaftswissenschaftliches Studium (WiSt), 17. Jg., 1/1988, S. 1-6

Milde, Hellmuth; Riley, John G.: Signaling in credit markets in: The Quarterly Journal of Economics, 2/1988, S.101-129

Milde, Hellmuth: Dividendenhöhe als Signal in: Wirtschaftswissenschaftliches Studium (WiSt), 1990, S. 334-339

Milde, Hellmuth: Leveraged buyout in: Wirtschafts-wissenschaftliches Studium (WiSt), 1990, S. 7-12

Milde, Hellmuth: Übernahmefinanzierung und LBO-Transaktionen in: Zeitschrift für Betriebswirtschaft, 1990, S. 43-60

Milde, Hellmuth: Buchbesprechung in: Journal of Institutional and Theoretical Economics (JITE); Vol. 147, No. 2, 1991

Milgrom, Paul; Roberts, John: The efficiency of equity in organisational decision processes in: The American Economic Review, Vol.80, No.2, 1990, S.154-159

Mishkin, Frederic S.: The economics of money, banking, and financial markets; 1986

Mishkin, Frederic S.: Asymmetric information and financial crisis: a historical perspective in: Hubbard, Glenn R.: Financial markets and financial crisis, 1991, S.69-107

Morck, Randall; Shleifer, Andrei; Vishny, Robert: Management ownership and corporate performance in: Hubbard, 1991, Chapter 9, S.14a

Morgan, David: Global consolidation of the financial services industry in: Mikdashi, Zuhayr: Financial strategies and public policies; -banking, insurance and industry- 1993

Nabi, Ijaz: Investment in segmented capital markets in: Quarterly Journal of Economics; 8/1989 S.453-462

o.V.: World banking survey in: The Economist; 2. Mai 1992, S.5-50

o.V.: A survey of international banking in: The Economist; 30. April 1994, S.2-46

Pecchenino, Rowena A.: The loan contract: mechanism of financial control in: Economic Journal, No. 98, 1988, S.126-137

Pecchenino, Rowena A.: Loan contracts in: The New Palgrave Dictionary of Money and Finance, 1992, S.606-608

Pennachi, Georg G.: Loan sales and the cost of bank capital in: The Journal of Finance, June 1988, S.375-396

Powell, Bill: Stock markets red in tooth and claw in: Newsweek, 15 Februar, 1993, S.26-27

Ramakrishnan, Ram T. S.; Thakor, Anjan V.: Information reliability and a theory of financial intermediation in: Review of Economic Studies, 1984, S.415-432

Reilly, Frank K.: Using cash flows and financial ratios to predict bankruptcies in: Bowman, Thomas A.: Analysing investment opportunities in distressed and bankrupt companies in: The Institute of Chartered Financial Analysts Continuing Education Series; 1990, S.23-30

Ritter, Lawrence S.; Silber, William L.: Principles of money, banking, and financial markets, 5. Auflage, New York, 1986

Ross, Stephan A.; Westerfield, Randolph W.: Corporate finance, St. Louis, 1988

Saunders, Anthony: Financial institutions management; a modern perspective, 1994

Santomero, Anthony M.; Siegel, Jeremy J.: Bank regulation and macroeconomic stability in: The American Economic Review, Vol. 71, No. 1, 1981, S.39-53

Santomero, Anthony M.: Modeling the banking firm in: Journal of Money, Credit, and Banking, Vol. 16, No. 4, 1984, S.576-616

Saunders, Anthony; Urich, Thomas: The effects of shifts in monetary policy and reserve accounting regimes on bank reserve management behavior in the federal fonds market in: Journal of Banking and Finance 12, 1988, S.523-535

Saunders, Anthony: The separation of banking and commerce; University of Chicago Working Paper, April 1991

Schilling, Günther: Täglich aktuelle Umsatzzahlen in: Wirtschaftswoche, Nr.43, 1992, S.185

Schmidt, Reinhard H.: Zur Struktur internationaler Unternehmenstätigkeit; Antrittsvorlesung Frankfurt, 2. Dezember 1991

Schwartz, Robert A.: Equity markets: structure, trading, and performance, New York, 1988

Seward, James K.: Corporate financial policy and the theory of financial intermediation in: Journal of Finance Vol. XLV, No. 2, 6/1990, S.1351-377

Shaffer, Sherrill: Bank competition in concentrated markets; Federal Reserve Bank of Philadelphia, Business Review, April 1994, S.3-16

Sharpe, Steven A.: Asymmetric information, bank lending, and implicit contracts: a stylized model of customer relationships in: The Journal of Finance, No.4, 9/1990, S.1069-1087

Shipley, Walter: Strategies of industrial enterprises and of international finance in: Mikdashi, Zuhayr: Financial strategies and public policies; -banking, insurance and industry- 1993

Simon, David: Highlights on BP´s new distribution of functions in: Mikdashi, Zuhayr: Financial strategies and public policies; -banking, insurance and industry- 1993

Smith, Adam: Der Wohlstand der Nationen; vollständige Ausgabe nach der 5. Auflage (letzter Hand), London 1789. Aus dem englischen übertragen von Horst Claus Recktenwald; 6. Auflage, April 1993

Spiotto, James E.: Understanding insolvency in: Bowman, Thomas A.: Analysing investment opportunities in distressed and bankruped companies in: The Institute of Chartered Financial Analysts Continuing Education Series; 1990, S.3-15

Stiglitz, Joseph E.: The theory of "screening", education, and the distribution of income in: The American Economic Review, June 1975, S.283-300

Stiglitz, Joseph E.: Equilibrium in product markets with imperfect information in: The American Economic Review, May 1979, S.339-345

Stiglitz, Joseph E.; Grossman, Sanford J.: On the impossibility of informationally efficient markets in: The American Economic Review, June 1980, S.393-408

Stiglitz, Joseph E.; Weiss, Andrew: Credit rationing in markets with imperfect information in: American Economic Review 71; June 1981, S.393 - 410

Stiglitz, Joseph E.: Peer monitoring and credit markets, a.a.u.

Stiglitz, Joseph E.; Weiss, Andrew: Incentive effects of terminations: applications to the credit and labor markets in: The American Economic Review, Vol.73, No.5, 1983, S.912-927

Takahashi, Dean, J.: The institutional investor perspective in: Bowman, Thomas A.: Analysing investment opportunities in distressed and bankruped companies in: The Institute of Chartered Financial Analysts Continuing Education Series; 1990, S.71-78

Thakor, Anjan V.: Capital requirements, monetary policy, and aggregate bank lending in: Symposium on design of securities and markets; Indiana University, 1993

Townsend, Robert M.: Optimal contracts and competitive markets with costly state verification in: Journal of Economic Theory 21, 1979, S.265-293

Vives, Xavier: Regulatory reform in European banking in: CEPR Occasional Paper No. 4, 1990/a

Vives, Xavier: Deregulation and competition in Spanish banking in: European Economic Review 34, 1990/b, S;403-411

Vives, Xavier: Banking competition and european integration, Center of Economic Policy Research (CEPR) Discussion Paper Nr. 373, 1990/c

Vives, Xavier; Caminal, R.; Gual, J.: Competition in spanish banking in: European Banking in the 1990's, J. Dermine; Hrsg.: Basil Blackwell, 1990/d

Vives, Xavier: Monitoring european integration; the making of Monetary Union in: Centre for Economic Policy Research (CEPR), 1991

Vives, Xavier; Matutes, Carmen: Competition for deposits, risk of failure, and regulation in banking in: Unveröffentlichtes Arbeitspapier des Institut d'Analisi Economica, Universitat Autonoma de Barcelona; 1992

Weiss, Lawrence A.: Bankruptcy resolution in: Journal of Financial Economics 27, 1990, S.285-314

Wenger, Ekkehard; Terberger, Eva: Die Beziehung zwischen Agent und Prinzipal als Baustein einer ökonomischen Theorie der Organisation in: WiSt, Heft 10, 10/1988, S.506-514

Werbalowsky, Jeffrey I.: Evaluating distressed securities: a case study in: Bowman, Thomas A.: Analysing investment opportunities in distressed and bankruped companies in: The Instiiute of Chartered Financial Analysts Continuing Education Series; 1990, S.53-65

Wette, Hildegard C.: Collateral in credit rationing in markets with imperfect information: Note. American Economic Review, June 1983, No. 73, S.442-445

Williamson, Stephan D.: Costly monitoring, financial intermediation, and equilibrium credit rationing in: Journal of Monetary Economics 18, 1986, S.159-179

Williamson, Stephan D.: Costly monitoring, loan contracts and equilibrium credit rationing in: Quarterly Journal of Economics, Vol. 102, Febr. 1987, S.135-146

Wilson, Richard S.: Covenants: what kind of protection do they offer ? in: Bowman, Thomas A.: Analysing investment opportunities in distressed and bankruped companies in: The Instiiute of Chartered Financial Analysts Continuing Education Series; 1990, S.30-35

Winton, Andrew: Limitation of liability and corporate form; 1991

Wruck, Karen H.: What really went wrong at Revco? in: Journal of Applied Corporate Finance, 1991, S.71-91

Wruck, Karen H.: Financial distress, reorganisation, and organizational efficiency in: Journal of Financial Economics 27, 1990, S.419-444

Zeckhauser, Richard J.; Pound, John: Are large shareholderseffective monitors? An investigation of share ownership and corporate performance in: Hubbard, Glenn, R.: Asymmetric Information, Corporate Finance and Investment, 1990, S.148-180

Horst Goß

Volkswirtschaftliche Konsequenzen der Allfinanz

Unter besonderer Berücksichtigung des Bank-, Bauspar- und Versicherungswesens

Frankfurt/M., Berlin, Bern, New York, Paris, Wien, 1992. XII, 182 S.
Europäische Hochschulschriften: Reihe 5, Volks- und Betriebswirtschaft. Bd. 1277
ISBN 3-631-44793-0 br. DM 65.--*

In jüngster Zeit hat die Allfinanz-Entwicklung eine große Bedeutung angenommen. So erscheint es nunmehr angemessen, das i.d.R. betriebswirtschaftlich begründete Phänomen, auch auf seine gesamtwirtschaftlichen Folgen zu untersuchen. Der Autor stellt deshalb die Implikationen der Allfinanz auf den Wettbewerb, die Geldpolitik, das Aufsichtswesen und auf andere Bereiche dar. Dabei werden insbesondere die negativen Auswirkungen der Allfinanz analysiert und Wege zu deren Vermeidung aufgezeigt. Gelingt es, diese Auswirkungen zu beschränken, kann die Allfinanz durchaus als eine positive Entwicklung bezeichnet werden.

Aus dem Inhalt: Erscheinungsformen, geographische Verbreitung und Ursachen der Allfinanz · Wettbewerbswirkungen · Geldpolitische Implikationen · Aufsichtsrechtliche Konsequenzen

Peter Lang Europäischer Verlag der Wissenschaften
Frankfurt a.M. • Berlin • Bern • New York • Paris • Wien
Auslieferung: Verlag Peter Lang AG, Jupiterstr. 15, CH-3000 Bern 15
Telefon (004131) 9411122, Telefax (004131) 9411131
- Preisänderungen vorbehalten - *inklusive Mehrwertsteuer